親鸞さんは なぜ 神を 拝まなかったのか

—日本人のアイデンティティ「神道」を問う—

野世信水

永田文昌堂

はじめに

おシャカ様が仏教という教えを説かれたのは、私たち人間がその愚かさのために争い傷つけあい、苦しみを生むことから逃れられないという現実を憂えてのことでした。そのおシャカ様から二千年余りの時間を経て、今私たちの社会の現実は、その苦しみの量と質をいよいよ増大し、救いようのない悲しみの状況を呈しています。私たち人間が拠り所とすべき仏教は、形だけは姿を留めていますが、その内実は残念ながらおシャカ様のそれとはずいぶん離れたものになっていると言わざるをえません。

私は縁あって親鸞さんの念仏の教えに出会い、親鸞さんをとおしておシャカ様の仏教と出会い、それが私たち人間にとって、本当に生きていくための大きな拠り所であることを学んできました。

しかしながら、私たちを取り巻く仏教の現実を見るに付け聞くに付け、大きな悲しみを覚えます。人間の愚かさを問うものであった仏教が、人間の愚かさが自己満足のために使う道具に成り下がってしまいました。私たち人間はもとより本能的に生きています。ですから本能的に自己の欲望を追求しますし、それゆえに他者との争いも生まれます。仏教はその本能的愚かさを煩悩と名づけ、苦しみの根源であると教えました。しかしこれもまた当然ではありますが、人間の本能はその教えを求めようとはしませんでした。それどころか、それを己の都合の良いように理解し、利用しようとしました。仏教は形のみになり、内実はまったく逆のものになったわけです。それは今に始まったことではなく、親鸞さんが「外儀は仏教のすがたにて、内心外道を帰敬せり（外面は仏教の姿をしているが、心の内面ではまったく反対の欲望追及の宗教を拝んでいる）」と悲しんだとおりです。仏教が真実の教えであればあるほど、人間からは拒否され歪められる道理があるのです。

そのことは、法然さん親鸞さんたちの専修念仏が、時の権力者から大きな弾圧を受けたことからも分かります。また、親鸞さんのあと、その念仏を現実社会に迎合させることで「存続」させた本願寺のあり方にも如実に顕われています。本願寺の歴史を読み解いていく中で私たちは、大事なことは変質した存続ではなく、本来念仏とは何であったのか、私たち人間に何を伝えようとしていたのかを明らかにすることだと理解できるはずです。

そしてそのことの中心的課題として浮かび上がってくるものが、本書のテーマである「親鸞さんはなぜ神を拝まなかったのか」（神祇不拝）ということであるわけです。このテーマを明らかにしていくことを通して私たちは、神祇信仰（神道）が日本人の精神性の基盤とも言うべきものであることが理解できます。また同時に、仏教とは何であったのか、ことに親鸞さんの念仏という教えが、この私たち日本人にとってどういう意味を持っていたのかを、明確にさせてくれることにもなります。現在の日本社会が抱えている閉塞状況の根源に何があるのかが、それによって見えてくるはずです。

本書では、まず親鸞さんにとっての神祇不拝とは何であったのかをお話しします。その後、それを放棄することで成立した本願寺と、その結末としての戦争状況をご紹介します。そして最後に、現在の私たちの社会状況を取り上げながら、今もなお「神を拝む」ということが日本人の精神性を縛っていることを考えてみたいと思います。

私は研究者ではありません。一人の住職としてまた布教使として、法座や研修会でお話をしてきた者です。本書も、なるべく柔らかな文面で、誰もが肩肘張らずに目を通せる読み物として仕上がればと思っています。ただ、それと少し矛盾しますが、原典からの引用文を必要に応じて取り入れました。これは私自身の学びの方法として、出来るだけ原典に接し、自分なりにそれを読み解くということをやってきたためです。原典に当たるというのは、そこに込められた著者のニュアンスや、その時代の雰囲気に接するという意味もあります。また、他者が行った意訳を鵜呑みにするのではなく、自分自身が一語一語を解釈していくことは、新たな発見を与えられることでもあるのです。

▼敬称について

本書では、親鸞については「親鸞さん」と呼びます。私にとっては「親鸞」でもなく「親鸞聖人」でもなく「親鸞さん」であるからです。それ以外の人物については、通常の歴史的扱いとして敬称を付けません。

▼【意訳】はすべて私が行ったものです。

▼第四章および第五章は、おもに本願寺派について記述しています。

もくじ

【表紙絵　：　掬子】

第一章　親鸞さんにとって「神を拝む」とは何であったのか

一　神の発生

■神を拝む、仏を拝む

神を拝むということと、仏を拝むということと、同じでしょうか。違うのでしょうか。神棚や神社にお参りすることと、仏壇やお寺にお参りすることと、どう違うのでしょうか。観光地などでは旅行者が、神社であれ寺院であれ同じようにお参りしている姿を見かけます。そこには特に違和感はないようです。研修会などでそれを尋ねますと、こんな答えがよく返ってきました。「神棚を拝むときは、何かをお願いするときで、仏壇では感謝をする」のだと。

「仏教＝感謝」という感覚が大勢の方にあるようです。感謝と言う言葉は、人間の美徳を表すものとしてよく使われます。でも、この言葉は吟味して使わねばなりません。この「神棚を拝むときは、何かをお願いするときで、仏壇では感謝をする」という言い方に、私はいつもこんな問いを投げかけました。

Q「お願いというのは例えばどういうことですか？」

A「たとえば、今日も一日無事で過ごせますように…というような」

Q「無事というのは例えば？」

A「たとえば、仕事も上手くいって、事故にも合わず、特別困った問題も起きなかった…というような」

Q「ということは、自分の思い通りになったということですか？」

A「そういうことですね」

Q「つまり神を拝むというのは、自分の思い通りになりますように、というお願いをすることのようですね。それでは仏には感謝というのはどういうことですか？」

A「一日が終わって寝る前に仏壇の前に座って手を合わせ、今日もおかげさまで無事に過ごすことが出来ました、有難うございます、という感じです」

Q「ここでも『無事』が出てきましたね。無事というのは『自分の思い通りになった』ということでしたね。では、無事でなかった日はどうするのですか？　例えば今日は仕事で大失敗をしてしまったとか、人身事故を起こしてしまったとか、大きな病気が見つかったとか。こんなときは『今日も無事でありがとうございます』とは言えないですよね？」

A「……」

「自分の思い通りになる」ということは、自分の欲望が満たされたということです。神を拝むということの中身は、自分の欲望を満足させたいという願望です。そして仏を拝むというのは、自分の欲望が満足させられたときの感謝というわけです。その感謝とは、自分の満足感の表明です。そうなりますと、神を拝むのも仏を拝むのも、その基盤になっているのは自分の欲望です。

研修会でこんな意見もよく聞きました。「私は神棚と仏壇はきちんと使い分けています。お願い事をするときは神棚。感謝をするときは仏壇。ですから両方あっても何も問題はないのです」と。でもこれは使い分けているのではなくて、実はどちらも同じことをやっているのです。どちらも自分の欲望追及です。ですから当然、神棚と仏壇と両方あっても何も問題にはなりません。

例えばそれは、「神社仏閣」とか「神仏」とかの言葉のように、まるで一つ物のように扱われることでも分かりますし、年末年始に神社へ初詣に行って、その帰りにお寺へ初参りに行くというのもそうです。結婚式は神社で神式で行い、葬式は寺で仏式で行うというのも同じです。おそらくこういった様子が、多くの日本人にとっての普通の感覚なのだろうと思います。そしてそれは極めて当然のことでもあるのです。日本人というのは、そのように作られてきたのです。

■神の発生

「神」という場合、キリスト教での神やそのほかのいろいろな神があると思います。でもここでお話しする神は、日本における神のことです。

世界にはさまざまな民族があり、その民族ごとにそれぞれの文化や宗教が発展していきました。とくにその生活基盤である食物生産は、その民族の文化形成に大きな影響を与えていると思われます。遊牧を中心にする民族や狩猟を生活の糧にする民族などがある中で、日本という国は農耕によって成り立ってきた民族です。

日本に農耕文化が入ってきたのは弥生時代だと言われています。田んぼや畑を作るといっても、今の私たちの感覚とはずいぶんかけ離れたものであっただろうと想像できます。農作物が収穫できるかどうかは、そのまま自分たちの生きるか死ぬかという事態に直結していました。余談ですが、恵信さんの手紙に、作物が穫れなくて飢え死にするかと思ったという記述があります。鎌倉時代でもそうなのですから、それ以前の時代ではそれこそ命がけのことだったと思います。

言うまでもなく農業は、雨や日光などの自然環境に大きな影響を受けます。雨が必要な時期にいつまでも降らなければ、おそらく人々は空を仰いで「降ってほしい」という思いを叫んだに違いありません。大雨が降ったり、台風が吹き荒れたり、地震が起きたり、日照りが続いたり、そのつど人々は自然の猛威を恐れ、そしてひたすら鎮まることを願っただろうと思います。そういう人々の心の中に、人間には及ばないとても大きな力が働いているという思いが生まれても不思議ではありません。自然環境を支配する力を持った存在。それを「神」として認識し始めたのでしょう。その神を畏《おそ》れ、崇《あが》め、ひれ伏していく宗教が自然に生まれていきました。そういう日本における神への信仰を、神道《しんとう》と呼んでいます。

■ムラの発生と祭政一致

縄文時代は狩猟や採集が中心であったようです。人々は山に住み、獣を取ったり木の実を集めたりして生活していました。それが弥生時代になり稲作が大陸から伝えられると、しだいに農耕に適した平野部に下りてくるようになります。とくに水利に都合の良い河川近くが選ばれたようです。また山での狩猟時代には家族単位であったものが、協同での農耕作業を行う必要から、複数の家族が集落（ムラ）を作って、共同生活を行うようになりました。

そのムラでの共同生活の中で、自分たちの生産を確保するために、神に祈り、神の意向を聞くという必要が生まれました。生きるために作物を実らせてほしい。雨が必要なときは降らせてほしい。日差しが必要なときは照らしてほしい。そのためにはどうしたらよいのか。どんな物をお供えしたらよいのか。どういう祈りをすればよいのか。種まきはいつがよいのか。収穫時期はいつがよいのか。無事に自分たちが生き延びるために、必要なことを神に聞き、神の意向に沿った生活を築こうとしたのです。

そういう思いの中から出てきたのが、神と接触し交信することができる人間です。神の意向を聞き、それを人々に伝える役割を担う祭祀者です。人々はその祭祀者を通して神の思いを聞き、それに基づいて自分たちの生活を築こうとしました。そうなりますと、祭祀者の言葉を自分たちの指針にするわけですから、その祭祀者がしだいにそのムラをまとめていくことになります。つまり、その集落の指導者になっていくわけです。こうやって、宗教上の権威を持つ人間が、政治上の権力を握ることになっていきます。祭政一致《さいせいいっち》と呼ばれます。神道はこうやって、その当初から、政治的な性格を常に持つことになりました。

この祭政一致のあり方は、その後の日本の政治体制の基本になっていきます。そして今日においてもそれは変りません。神社界を中心にした神道政治連盟などの大きな組織があり、それに賛同する国会議員で構成される神道政治連盟国会議員懇談会があります。自民党議員のほとんどがそのメンバーです。現在（二〇二一年一月）の政権も、その政治理念の上に成り立っています。

■クニと、天皇の発生

農耕社会に生まれた小さな集落は、農耕技術の進展に伴い次第に大きな労働力が必要になり、また耕地もより広大なものになり、集落は次第に大型化していきました。さらに大型化した集落同士が、農耕地や水利権をめぐって争いを繰り広げました。こうやって集団が統合されたり、または上下関係が生まれたりする中で、各地にクニと呼ばれる勢力が出来てきます。一世紀になりますと、後漢から「漢委奴国王印《かんのわのなのこくおういん》」が贈られるなど、隣国からその存在が認識されるようになります。また三世紀には邪馬台国卑弥呼の時代になり、倭国《わこく》という名で、日本列島に存在した政治勢力として大陸に知られるようになります。そして倭国の長は、大王《おおきみ》とか天王と呼ばれたそうです。

こうやって農耕集落として始まったこの国の社会は、次第に巨大な政治勢力に集約されていきました。そしてそのトップとして天皇が君臨することになったわけです。当然ながら天皇は、神道における最大の権威であり、また政治上の最大の権力として日本の歴史の上に存在してきました。

■仏教を学ぶということは…

この神道という宗教をもった日本社会に、大陸から入り込んできたのが仏教でした。仏教が伝えられた当初、「外国神、今来神、蕃神」などという言葉で扱われたようです。まだ「仏」

という言葉も概念もなかったわけですから、無理はありません。八百万の神々がいるところへよそ者の神など受け入れられないという大勢の中で、その受け入れを申し出たのは蘇我氏でした。そのときの様子が『日本書紀』に書かれていますが、およそおシャカ様の仏教とはかけ離れた呪術の世界でした。奈良時代になりますと、その神道と何も変わらない「仏教」を国が抱え込み、鎮護国家の道具としました。こうやって仏教は、神道に同化しながら日本に定着しました。

その仏教を本来のものに引き戻そうとしたのが法然であり親鸞さんでした。仏教に立つということは、この神道という日本古来の宗教を、いかに相対化するかということであったわけです。それは言い換えますと、人間が自らの本能から生み出した「自分の思い通りになる」ことを求める宗教を相対化するということです。また、この時すでにこの国の政治的基盤として成立していた祭政一致という思想を相対化することでもありました。親鸞さんはアミダ仏の本願の教えを「真」と押さえ、その正反対に位置する本能的欲望追求の宗教を「偽」と見定めました。このことは、日本の歴史の上でとてつもなく大きな意味をもつことであったのです。それは人間社会の権威や権力から解放されて、一人の人間として自律し自立していくという本来の仏教を回復することでもありました。ここに親鸞さんの教えの極めて重要なポイントがあるわけです。

二　民族宗教と普遍宗教

■民族宗教

学問上の大雑把な宗教の分類で言いますと、この日本における神道のように、自然発生的に原始社会に現れてくる宗教を、原始宗教と呼んでいます。また特定の民族の中でのみ発生し広がるものなので、民族宗教という言い方もします。

この宗教は宗教的に目覚めた誰か個人によって始められたものではなく、その民族の中で、いつの間にか自然に発生してきたものです。自然に発生するということは、人間の本能的なところから生まれるということです。ですから「自分の思い通りになる」ことを求める欲望追求の宗教になります。ここではもちろん「教え、教義」という明確なものはなく、それを記した経典があるわけでもありません。あるのは「祈り」と、そのための儀式です。

また大きな特徴は、その集団性です。発生当初の小さな集落から、後の国家レベルでの大きな集団まで、ひとつの集団全体の共通の利害に基づいています。自分たちのムラが作物を無事に収穫できますように、であるとか、自分たちの国が戦争に勝ちますように、まで。その規模はさまざまですが、集団として持っている宗教性です。

裏返して言うと、その構成員である個々人は、個々人としては意味を持ちません。個人は集団に所属し、その集団と同一の利害に生きるときに、初めて存在意義が生まれます。言い換えると、その集団の利害と反する者は、構成員として認められず排除されることになります。例をあげると「村八分」や「非国民」などがそうです。「村八分」は村の中で、その決まり事を破ったり秩序を乱したりした者に対して、村の者たちが仲間外れにすることです。八分とは、共同の付き合い十個のうち二つを除いて、後の八つを拒否するということです。二つとは、葬式の手伝い（死体処理）と火事の火消しです。これは放っておくと皆が困るからです。戦時中は国策に従わない者や批判する者に対して、「非国民」つまり「おまえは日本国民ではない」というレッテルを貼って蔑みました。

ですからこの集団性という民族宗教の特性は、おのずと異質な者に対する差別性となって現れ、また同時に外部の異質な集団に対しては門戸を閉じる閉鎖性を持ちました。それゆえに、他の集団とは対立関係を生みやすく、争いが伴いました。

■普遍宗教

それに対して、まったく違った形で現れてくる宗教があります。例えば私たちの仏教です。ゴータマ・シッダルタという一人の人間が、「人間の苦悩」に対する問いを持ち、それを自分自身が解決し、その道を他の人に伝えようと働き出したものです。これは自然発生ではありません。そのスタートは、「人間の苦悩」です。「人間の苦悩」を解決する道が仏教という宗教でした。ここでは民族や国家は関係ありません。人間である以上、同じ「人間の苦悩」を抱えているからです。ですから、民族や国境を越えて、広く誰にでも受け入れられ、またそれによって同じ解決の道を見つけることができるものでした。それを普遍宗教と呼んでいます。普遍とは、広く行き渡って、例外なくすべてのものに当てはまるということです。または、世界に広がる宗教なので、世界宗教という言い方もあります。

民族宗教が欲望追求の祈願であったのに対して、普遍宗教は人間の苦悩を問うものであるので、おのずと人間の欲望に対して否定的な厳しい目を向けるものになります。人間の「悪」や「罪」や「愚かさ」などが問題になってくるものです。

また創始者によって言葉による「教え、教義」として表され、後には経典として書き記され残されます。さらにはその教えを伝える「伝道」ということが重要な要素になってきます。これは単に「良いことだから他の人にも教えよう」ということではなく、他の者と一緒に苦しみや喜びを共有する、分かち合うところにこそ本当の苦悩の解決がある、という考えに基づくものです。先ほど言いましたように、人間の本能から自然な要求として生まれる宗教ではありませんので、そのことに目覚めた創始者から始まって、それが次々に伝えられることによってしか、出会うことのない宗教でもあります。

もう一つとても大事なことは、民族宗教にあった集団性がないことです。当然のことですが、「人間の苦悩」を問題にしていく宗教ですから、一人ひとりの人間性が重要視されます。言い換えると、一人ひとりの人間性が踏みにじられるような社会のあり方、力関係によって集団化されることが否定的に問題にされていきます。さらに人間の愚かさからの対立争いが問題視されます。一人ひとりが人間として自律して自立し、その個人どうしが連帯していく道が求められていきます。

先ほどの異質な者を排除する差別性に対して言えば、命の尊厳に立つ平等性をもって、異質なる者と共存する道が提示されるのです。

■日本においては

日本という国においてこの両者を考えるならば、神道という民族宗教に対して、仏教（あるいはキリスト教など）という普遍宗教ということになります。仏教が日本に伝えられたとき、神道と同列で受け止められ、神道と同化しながら定着していったという悲しい事実があります。それゆえに、法然や親鸞さんたちの本来の仏教を取り戻す努力は、私たちにとって計り知れない大きな意味を持っています。真の仏教に立つということは、それに反する宗教（親鸞さんは「外道」とか「外教邪偽」という言葉で表しています）に対して、明確に決別していくことです。

●「それもろもろの修多羅《しゅたら》によつて、真偽を勘決して、外教邪偽の異執を教誡せば」（『教行信証』化巻末）

【意訳】
「さまざまな経典にもとづいて、真実と偽物をよく考えて見分け、仏教以外の正しくない偽物の考え方への執らわれを教え誡《いまし》めると、（次のようになります）」

これは、親鸞さんが『教行信証』の化巻の後半部の最初に書かれた文章です。いろんなお経を読みながら、真と偽をはっきりと見きわめ、その間違いを指摘していくと次のようになる。と書かれて、そのあとにさまざまな経典を引用しながら、仏教ではない宗教を列挙し、人間の迷いから生まれたものであることを指摘していかれるのです。この化巻末という部分に、親鸞さんは『教行信証』全体の七分の一強の紙数を費やしています。

そしてこの化巻末の最後に、この後詳しくお話します「承元《じょうげん》の法難《ほうなん》」と呼ばれる念仏弾圧についで書かれるのです。つまりこういうことです。真実の仏教に立って生きようとすることは、そうではない偽の宗教と明確に線を引いて、そこと縁を切ることだと。その結果何が起こったのかというと、偽の宗教（神道）によって成り立っている社会（正確に言えば、政治権力。具体的には朝廷や旧仏教界）からはまったく理解されず、それどころか力ずくで叩き潰そうとされたのだ、と。強い憤りをもって、天皇他を名指しで批判されるのです。

三　親鸞さんの宗教分類

それまでにはなかった新しい教えを唱え始める人たちの多くは、自分が提唱する教えがどのようなものであるのかを示すために、教相判釈《きょうそうはんじゃく》というものを行いました。それは、おシャカ様の後に編纂された膨大な経典を分類して、その価値の違いを見定め、そこから何がもっとも真実なる教えであるのかを明らかにしようとするものです。親鸞さんは「真《しん》・仮《け》・偽《ぎ》」という三つに分類して、「真実の教え」を明らかにしました。

■「真」と「仮」

真　―　真実の宗教。他力の念仏。
　　本来の仏教。人間の愚かな本性を明らかにして、それを問うていこうとするもの。

仮　―　方便の宗教。自力の仏教。

本来の仏教とは言えない。人間が人間の働き（都合）でつかんでいる仏教。
そこでは人間の本性が根底から問題にされることがない。

偽　―　にせものの宗教。迷いの宗教。
人間の愚かな本性から生み出された宗教。自己保身自己満足を求めるものであり、それは自ずと対立関係を生み、苦悩を作り出す。

一つ目の「真」が、親鸞さんが「これが本当の仏教だ」と受け止めたものです。それは『仏説無量寿経』というお経に説かれているもので、アミダ仏の本願を聞いていく他力念仏の教えだと示されました。まともな行も出来ない自分たちが、人間としての真実といえる道を歩くためには、この教えしかないと見定めたのです。人間の苦悩の原因が明らかになり、それを解決していくための道、という意味での本来の仏教です。

二つ目の「仮」ですが、仮という言葉は「仮営業所」とか「仮設住宅」などと使われるように、「本当のものではなく、本当のものに至るまでの一時的な、仮の…」という意味です。方便の宗教と言えます。親鸞さんは他力の念仏以外の仏教を、この括りで分類しています。自力仏教のことです。人間が人間の働き（都合）でつかんでいる以上、人間の本性が根底から問われるということはありません。それゆえに本来の仏教とは言えないものです。

ここで気をつけなければならないことは、親鸞さんの視座、立っている位置です。それは、末法と呼ばれる時代の中で、現実に二十年間の比叡山での行に挫折した人間だということです。そして自分が生きている人間社会は、権威と権力に汚れ、刀を振り回して覇権を争い血を流している現実です。そこに立ちながら、そこに生きながら、親鸞さんは「人間の苦悩を解決する道」を求め続けてきたのです。そして見えてきたのが、他力念仏だったということです。

以前勉強会でこういうご意見がありました。親鸞さんの仏教は、おシャカ様の本来の仏教ではないと思う、と。おシャカ様の本来の仏教は、やはり自らが厳しい修行をする中で、人間の愚かさを捨て、それによって苦悩を解決しようとする道であったと。

もともとのおシャカ様の仏教は、そのとおりです。しかし親鸞さんはおシャカ様ではありません。おシャカ様と同じものを持った人間でもありません。比叡山での修行はもともとのおシャカ様の道をたどろうとするものでした。しかしそこで挫折することを通して、親鸞さんは自分と同じ時代に生きている大勢の人間の、現実の苦悩を思うわけです。どうやったら、この悲しい時代の人間たちが、本当の人間の道に出会えるのだろうか、と。

●「釈迦如来かくれましまして　二千余年になりたまふ
　正像の二時はをはりにき　如来の遺弟悲泣せよ」（『正像末和讃』）

【意訳】

「おシャカ様がお亡くなりになって、二千年余りになってしまった。正法・像法の二つの時代は終わってしまった。おシャカ様の残された弟子たち（仏教徒）は悲しみ泣かねばならない」

「悲泣」という言葉は大げさではなく、親鸞さんの心の中の姿そのものだったのだろうと思います。そんな切羽詰った思いで求め続けた結果として、「これだ」と深くうなずけたものが、他力念仏だったのでしょう。親鸞さんにとっての「真実の教え」はこれしかありませんでした。そしてそれ以外は、自分が二十年間勤めてきたことも含めて、すべてその「真実の教え」に至るための方便でしかなかったと思えたのでしょう。一刻も早くその方便の仏教をやめて、真実の教えに入るべきだと勧めたのです。

■「偽」

そして三つ目の「偽」です。偽はにせものです。本物のような顔をしているけれども、中身はまったく別の、いやむしろ正反対の間違ったもの、ということです。親鸞さんにとっては、仏教と相容れないすべての宗教が偽でした。そこには占いや、迷信、呪《まじな》い、お祓《はら》いなどもすべて入ります。つまり、人間がその本能的な欲望で生み出した、自己満足自己保身のための宗教です。自分の欲望に執着しますから、絶えず他者との対立を生み争いに陥ります。苦悩の解決ではなく、苦悩をますます深めるものとしてあります。

私たち人間の行動の原点は本能です。ですから当然、この偽の宗教には一番魅力を感じ引かれていきます。そしてそのことに何の疑問も持たず、それを是として人生を営んでいます。偽の宗教が偽であることに気付くためには、真との出会いがなければなりません。間違いのないお手本を頼りにするときに、私たちは初めて自分の間違いに気付くことができるのです。

四　親鸞さんにとっての神①

■日本における偽の宗教

親鸞さんは真仮偽という分類を行い、真の教えを伝え残したいと願いました。そしてそのためには、仮や偽を明らかにする必要があると思われました。とくに人間がその本能から自然に落ち込んでいく、偽という宗教の問題を強く意識されたようです。『教行信証化巻末』や和讃などで、そのことが述べられています。実際に親鸞さんの言葉をご紹介しながら、少し詳しく見てみましょう。

●「それもろもろの修多羅によって、真偽を勘決して、外教邪偽の異執を教誡せば、…」

【意訳】
「さまざまな経典にもとづいて、真実と偽物をよく考えて見分け、仏教以外の正しくない偽物の考え方への執らわれを教え誡めると…」

【言葉の説明】

・「修多羅」（しゅたら）＝お経のこと。

・「真偽」（しんぎ）＝本物と偽物。

・「勘決」（かんけつ）＝よく考えて、決着をつけること。

・「外教邪偽」（げきょうじゃぎ）＝仏教以外の教え。邪《よこし》まな（間違った）にせもの。

・「異執」（いしゅう）＝異なる考え方に執着すること。

・「教誡」（きょうかい）＝教え誡めること。

●「『涅槃経』（如来性品）にのたまはく、『仏に帰依せば、つひにまたその余のもろもろの天神に帰依せざれ』と」

【意訳】

「『涅槃経』というお経の「如来性品」には次のように書かれています。『仏に帰依するならば、最後までそれ以外のさまざまな天の神に帰依するな』と」

【言葉の説明】

・「帰依」（きえ）＝それをよりどころにして心をかけ、したがうこと。帰命。

●「『般舟三昧経』にのたまはく、『優婆夷、この三昧を聞きて学ばんと欲せんものは、みづから仏に帰命し、法に帰命し、比丘僧に帰命せよ。余道に事ふることを得ざれ、天を拝することを得ざれ、鬼神を祠ることを得ざれ、吉良日を視ることを得ざれ』となり」

【意訳】

「『般舟三昧経』に書かれています。『仏教を学ぼうとする者は、自ら仏に帰依し、法に帰依し、僧に帰依しなさい。仏教以外の道にしたがうことを止めなさい。天を拝むことを止めなさい。鬼神を祀ることを止めなさい。日の良し悪しを見ることを止めなさい』と」

【言葉の説明】

・「優婆夷」（うばい）＝女性の在家信者。優婆塞（うばそく）は、男性の在家信者。
・「三昧」（ざんまい）＝心を定めて散り乱れない、安らかで静かな状態になること。
・「帰命」（きみょう）＝先ほどの帰依と同じ。
・「仏・法・比丘僧」（ぶつ・ほう・びくそう）＝「仏法僧」のこと。真実を悟った仏。その仏によって明らかにされた真実、教え。その真実、教えに生きようとする仲間たち。この三つに帰依することを三帰依といい、仏教徒のしるしとしている。
・「余道」（よどう）＝（仏教）以外のほかの道（宗教）。

・「鬼神」（きじん）＝目に見えない超人的威力を持った者。善神と悪神がある。
・「吉良日」（きちりょうじつ）＝吉凶など、日時の良い悪いをいう占い。

●「またのたまはく、『優婆夷、三昧を学ばんと欲せば、天を拝し神を祠祀することを得ざれ』となり」

【意訳】
「またこう書かれています。『仏教を学ぼうとするならば、天を拝み神を祀ることを止めなさい』と」

【言葉の説明】
・「祠祀」（しし）＝神を祀《まつ》ること。

右に挙げた文は、『教行信証化巻末』の最初の四節です。さまざまなお経をよりどころにして、真と偽を明らかにしていくとこういうことになると前置きして、仏に帰依する者は仏教以外の宗教には心をかけないのだと書いています。それは神に帰依しないということであり、拝まないということであり、祀らないことであると。仏教徒は、ただ仏法僧に帰依するのみだという、とてもシンプルな主張です。

また和讃には。

●「五濁増のしるしには　この世の道俗ことごとく
　外儀は仏教のすがたにて　内心外道を帰敬せり」

【意訳】
「世の中がますます悪くなった証拠には、今の世の人々は僧侶も一般の人もみんな、外面は仏教のかっこうをしながら、心の中では仏教ではないものを帰敬している」

【言葉の説明】
・「五濁増」（ごじょくぞう）＝末法の時代になると五つの汚れが増えてくること。
・「外儀」（げぎ）＝外側の様子。
・「内心」（ないしん）＝心の内側。
・「外道」（げどう）＝仏教以外の間違った宗教。

●「かなしきかなや道俗の　良時吉日えらばしめ
　天神地祇をあがめつつ　卜占祭祀つとめとす」

【意訳】
「悲しいことに仏教を求めている人もそうでない人も、日時の良い悪いを選んだり、天の神や地の神をあがめて、占いや呪い祭りやお祓いをやっている」
【言葉の説明】
・「道俗」（どうぞく）＝道は仏道を歩もうとしている僧侶。俗は一般の人。
・「天神地祇」（てんじんじぎ）＝あとで詳述します。
・「卜占祭祀」（ぼくせんさいし）＝「卜」も「占」もうらない。物事の吉凶を判断すること。「祭祀」は神をまつること。この言葉には親鸞さんの左訓《さくん》（親鸞さんが言葉の左側に付けた説明）が、「ウラ、マツリ、ハラヘ」とあります。

●「かなしきかなやこのごろの　和国の道俗みなともに
　仏教の威儀をもととして　天地の鬼神を尊敬す」
【意訳】
「悲しいことには、このごろのこの国の僧侶も一般の人も、仏教のかっこうをしながら、天地の神々を尊敬している」

この三つは、『正像末和讃』の中の「悲歎述懐讃」（親鸞さんがご自分のことや社会の現実を悲しみ嘆きながら、念仏を伝えようとした和讃）からのものです。当時の世の中のあり様をながめながら、深く悲歎されている言葉です。「外儀は仏教、内心外道」。ひと言で言い表せばこういうことなのでしょう。当時の仏教は、外面のかっこうだけになり、心の中は全く反対の外道に奪われている、というのです。

『正像末和讃』が書かれたのは、親鸞さんの最晩年です。先生である法然から受け継いだ専修念仏を、何とかして伝え残したいとの思いで生涯をかけてきたわけですが、現実の状況を見るにつけ、「かなしきかな」と嘆かざるをえなかったのでしょう。人間の悲しいあり様を乗り越える唯一の道として、仏教が伝えられてきたのですが、それが伝わりません。広がりません。人々相変わらず社会にあふれているのは、本能的欲望から生み出された迷いの宗教ばかりでした。人々が神々を崇め、日や時間の良い悪いなどの迷信に振り回され、占いや呪い、お祓いなどに明け暮れています。しかもそれをやっているのは「道俗みなともに」であって、仏教の僧までもがそれをやっているというのです。

■「天神地祇」について

さて、ここに「天神地祇」という言葉が出てきます。本願寺派が発行している聖典では、この言葉の脚注に「梵天王・帝釈天・四天王等の天の神、堅牢地祇・八大竜王等の地の神」という説明を書いています。親鸞さんも『浄土和讃』の中の「現世利益和讃」では、天神地祇を「梵王・帝釈・四天大王。難陀《なんだ》・跋難大竜《ばつなんだいりゅう》」などのこととして書いています。

しかしこのご和讃で親鸞さんが悲しんでおられるのは、当時の日本社会における宗教事情です。当時の人々がこぞって帰敬していたという「天神地祇」といのは、それらのインドのバラモン教に由来する神たちなのでしょうか。とてもそうとは思えません。仏教寺院の中では、仏教を守護する神として、それらの仏像が安置されたりしました。しかしそれが一般大衆の信仰として広まっていたということを聞きません。もっとも知られている帝釈天も、有名なのは柴又帝釈天だけですし、それも江戸時代に始まったものです。

日本に仏教が伝えられたころ、日本にあった宗教は神道でした。仏と神とはお互いに近寄りながら並存してきました。神を迷える一衆生として仏が済度するという考え方や、神は仏を守護するものだという考え方などの変遷があり、そして平安時代の中期には本地垂迹説が言われるようになりました。これはもともと仏であったものが（本地）、人間を救うために神の姿をもって現れた（垂迹）とする考え方です。親鸞さんの時代も、おそらくそういう考え方が主流だったのだろうと思います。つまり仏と神とは相反するものとか、対立するものという考えではなく、どちらも元をただせば同じものという感覚だったのでしょう。

ですから、この当時の人々が日常的な信仰としてあがめていたのは、この日本古来の神道であったはずです。決してインド由来の梵天や帝釈天ではなかったのです。日本においては「天神」は「天津神《あまつかみ》」で、天照大神などの高天原の神です。「地祇」は「国津神《くにつかみ》」のことで、天孫降臨以前からこの国土を治めていたとされる土着の神のことです。いずれも日本神話に出てくるものです。「天神地祇」を略して「神祇」とも言われます。親鸞さんはこの「神祇」という言い方をよく使われました。

この和讃で親鸞さんが「かなしきかな」と嘆いているのは、僧侶も含めたこの国の人々が、相も変らず人間の欲望に振り回されながら、神道に帰依しているからです。そこから決別していくものが仏教であったはずなのです。

五　親鸞さんにとっての神②

■「神々が念仏者を護る」

親鸞さんが神祇について書かれたものを読んでいきますと、次のようなことに気が付きます。①には、もともと仏教を護る神として説かれた梵天や帝釈天などのインドの神々と、日本神話上の神々とを、明確に区別していないことです。そして②には、それらの神々が念仏称える者を護る、という言い方をしていることです。さらには③として…あとで記述します。

①については、たとえば『浄土和讃』の「現世利益和讃」では、念仏を称える者を護ってくれるものを列挙しています。記載順に並べますと次の通りです。

梵天、帝釈、四天大王、堅牢地祇（左訓に「この地にある神、地より下なる神を堅牢地祇といふ」とあります)、難陀・跋難大竜等、炎魔法王、五道の冥官、他化天の大魔王、天神地祇、(念仏をおそれるものとして)天地にみてる悪鬼神、観音・勢至、恒沙塵数の菩薩、化仏、十方無量の諸仏。

ここではインド由来の神から菩薩や諸仏まで、おそよアミダ仏以外のすべての諸神諸仏を並べて、それらから念仏称える者は護られるという現世利益が説かれています。同様のものとして、『教行信証信巻』の「現生十種益」の一つ目「冥衆護持益」、ならびに四つ目五つ目の「諸仏護念益」「諸仏称讃益」があります。

それで問題は、ここに出てくる「天神地祇」ですが、それを梵天以下のインド由来の神々と受け止めることもできますが、日本古来の神々の意味で並べたと受け止めることもできます。たとえば次の手紙の文章などからは、親鸞さんが現実的に抱えていた問題は、この日本古来の神々のことであることが分かります。

A●「まづよろづの仏・菩薩をかろしめまゐらせ、よろづの神祇・冥道をあなづりすてたてまつると申すこと、この事ゆめゆめなきことなり。(中略一)仏法をふかく信ずるひとをば、天地におはしますよろづの神は、かげのかたちに添へるがごとくして、まもらせたまふことにて候へば、念仏を信じたる身にて、天地の神をすてまうさんとおもふこと、ゆめゆめなきことなり。（中略二）詮ずるところは、そらごとを申し、ひがことをことにふれて、念仏の人びとに仰せられつけて、念仏をとどめんとするところの領家・地頭・名主の御はからひどもの候ふらんこと、よくよくやうあるべきことなり」（親鸞さんのお手紙）

【意訳】

「すべての仏や菩薩を軽んじ、さまざまな神々を軽く見て捨てようとおっしゃるのは、このことは決してあってはならないことです。（中略一）仏教を深く信じる人を、天地におられるさまざまな神々は、ちょうど影がいつも離れないように、守っていてくださるのですから、念仏を信ずる者が天地の神々を捨てようとおっしゃることは、あってはならないことです。（中略二）結局のところ、本当でないことを言い、間違ったことをことにふれて念仏者に言い付けて、念仏をやめさせようとする領家や地頭や名主の行動は、十分に理由のあることなのです」

この手紙で親鸞さんが対応している状況は、当時の門徒たちの現実です。そこでの神祇とは、鎌倉時代の日本社会における「天地におはしますよろづの神」であり、日本神話の神々に他なりません。そしてこちらでも「仏法を深く信ずる人を、影が形にそうように護ってくれている」と説くのです。

つまり親鸞さんは、インド由来の天神地祇と、日本神話の天神地祇とを、明確に区別せずに、あいまいなまま使っていると言えます。そしてさらに、その使い方は②の「念仏するものを護る存在」としてです。

神々が仏教を護る、という考え方は、インドにも日本にもあったようです。「護法善神」という言い方がされました。これは、普遍宗教が広まろうとするときに、その土地の在来の信仰対象である神と対峙し、下手すれば対立しようとするのを回避するために、「仏教を護るもの」として取り込んでいったのだろうと思われます。その従来からの考え方を、親鸞さんは利用するのです。「利用する」と言いましたのは、私にはそうとしか思えないからです。これがもう一つの③につながります。

■在地権力からの圧力

先ほどご紹介した親鸞さんの手紙についてもう少しお話しします。この手紙のあて先は「念仏の人々御中へ」となっています。おそらく関東の門徒たちから届いた質問へのお返事なのでしょう。どんな質問だったのでしょうか。

とくに先ほどの引用の（中略二）以下が、とても大事です。念仏の教えのことについての質問ですが、そこに「領家・地頭・名主」というその土地の権力者が出てきます。「領家《りょうけ》」というのは、荘園の所有者です。ほとんどが中央にいた貴族や寺社です。「地頭《じとう》」は、幕府が荘園（または国の土地）を管理するために任命した職です。「名主《みょうしゅ》」は、土地（名田）の経営を任され、税の徴収をした者です。その者たちが、「念仏をとどめんと」しているというのです。そしてそれは「やうあるべきこと」、つまり理由やいわれがあることだと親鸞さんは言われるのです。

これらから質問の内容を想像してみましょう。「私たちは、アミダ仏のご本願ひとつを拠り所に、念仏を称え生きています。しかし中には、アミダ仏だけ拝めばよいので、他の仏菩薩や神は必要ないと無視する者もいます。それを聞いた地頭や名主たちから、『念仏の者たちは、他の仏菩薩や神を捨てるのか！そんな念仏などやめてしまえ！』と強く言われています。どうしたらよいのでしょうか？」。こんな感じでしょうか。

その質問に対して、親鸞さんはこう答えています。

・すべての諸仏菩薩、神々を、軽蔑して捨てるということはあってはならない。
・諸仏菩薩の勧めがあって、アミダ仏と出会えた。そのご恩を知らずに粗末にしてはならない。
（中略一の部分）
・仏法を深く信ずる人を、天地の神々は、常に護っていてくださる。だから、念仏を信ずる者が天地の神々を捨てるということはあってはならない。
・神祇などでさえ捨てることがないのだから、ましてや諸仏を粗末にすることは、念仏を信ぜず念仏を称えない者だ。（中略二の部分）
・結局のところ、本当でないことを言い、間違ったことをことにふれて念仏者に言い付けて、念仏をやめさせようとする領家や地頭や名主の行動は、十分に理由のあることだ。

そしてその後に親鸞さんは、重ねて次のように書いています。

B●「この世のならひにて念仏をさまたげんひとは、そのところの領家・地頭・名主のやうあることにてこそ候はめ。とかく申すべきにあらず。念仏せんひとびとは、かのさまたげをなさんひとをばあはれみをなし、不便におもうて、念仏をもねんごろに申して、さまたげなさんを、たすけさせたまふべしとこそ、ふるきひとは申され候ひしか。よくよく御たづねあるべきことなり」

【意訳】

「この世の中のいつものことで、念仏を妨げようとする人は、その土地の領家・地頭・名主であって、それは理由のあることとなのです。いろいろ言うことではありません。念仏に生きる人は、その妨げる人のことを哀れに思い悲しく思って、念仏を心をこめて申して、妨げをする人を助けてあげてくださいと、古い人はおっしゃってくださいました。そのことをよくお聞きになってください」

念仏を止めさせようとするのは、その土地の領家・地頭・名主など力ある者たちで、しかもそれは世の常のことだと言うのです。またそれは理由のあることで当然なのだと言うのです。その理由については「とかく申すべきにあらず」と、詳しくは書いていません。親鸞さんが、門徒たちへ詳しく書かなかった「権力者が念仏を止めさせようとする理由」とは、どういうものなのでしょうか。ここが実はとても大事なところだろうと思います。

■偽の宗教によって成り立つ現実社会。その中で念仏申す厳しさ

先にお話したことですが、日本の民族宗教である神道は、その当初から政治と一体化していました。その後の日本社会においても、神道は政治上の重要な意味をもっていました。律令制では「神祇官」という役職があり、朝廷での祭祀を行い全国の神社祭祀を管轄していました。神祇官は最高の国家機関である太政官の上に独立して位置づけられていました。つまり国の政治のもっとも中核的なものとして、神道という宗教が位置していたわけです。ちなみに、明治維新時の国家神道において、この神祇官は同じ意味を抱えて再びよみがえってきます。

親鸞さんが生きておられた平安時代から鎌倉時代も、当然ながら神道という宗教が、この国の人々の精神的基盤にありました。また政治上の制度も、それに乗っかって成り立っていたのも言うまでもありません。さらには仏教界までもが、神道と肩を摺り寄せながら存在していたわけです。そんな状況の中での専修念仏です。専ら念仏だけを称える。唯一アミダ仏の本願の

みを、自分の生きる拠り所とする。仏に帰依し、法に帰依し、僧に帰依することに徹底する。それはひいては、念仏と相容れない宗教に対しては明確な一線を引くということですし、アミダ仏の本願と相容れない価値観に対しては客観的に問題視せざるをえないことになります。普遍宗教による民族宗教への相対化ですし、本願にもとづく人間社会の相対化です。親鸞さんの言葉で言えば、「この世のあしきことをいとひ、この身のあしきことをいとふ」ということです。

それが机上の話ではなく、現実の社会生活として動き出すとき、いったいどういう状況が始まるのか。その一例が、この手紙の内容であったわけです。権力の末端である地頭や名主から、念仏称える農民たちが圧力をかけられているのです。そしてさらには、次のように生活が成り立たないくらいの厳しい状況も生まれてきました。

C●「さては、念仏のあひだのことによりて、ところせきやうにうけたまはり候ふ。かへすがへすこころぐるしく候ふ。詮ずるところ、そのところの縁ぞ尽きさせたまひ候ふらん。念仏をさへらるなんど申さんことに、ともかくもなげきおぼしめすべからず候ふ。念仏とどめんひとこそ、いかにもなり候はめ、申したまふひとは、なにかくるしく候ふべき。余のひとびとを縁として、念仏をひろめんと、はからひあはせたまふこと、ゆめゆめあるべからず候ふ。そのところに念仏のひろまり候はんことも、仏天の御はからひにて候ふべし。（中略）そのところの縁尽きておはしまし候はば、いづれのところにてもうつらせたまひ候うておはしますやうに御はからひ候ふべし。慈信坊が申し候ふことをたのみおぼしめして、これよりは余の人を強縁として念仏ひろめよと申すこと、ゆめゆめ申したること候はず。きはまれるひがことにて候ふ。この世のならひにて念仏をさまたげんことは、かねて仏の説きおかせたまひて候へば、おどろきおぼしめすべからず」（親鸞さんのお手紙）

【意訳】

「念仏にかかわる問題によって、とても居づらくなっているとお聞きしました。返す返す心苦しく思います。結局のところ、その場所での縁が尽きたのでしょう。念仏を妨げられることに、そんなに嘆かれることはありません。念仏を禁止しようとする人こそ問題なのであって、念仏を申している人は何も悪いことではありません。その地域の権力者を頼りにして念仏を広めようと考えることは、間違ってもあってはならないことです。その地域に念仏が広まることも仏のおはからいです。（中略）その地域での縁が尽きたならば、どこか他のところに移ってくださるようにお考えください。慈信坊（善鸞）が言うことを信じて、私のほうから『世間の権力者を頼って念仏広めよ』と言ったということ、そのようなことを決して言うわけがありません。とんでもない間違ったことです。この人間社会の通例として、念仏を妨げようとしてくることは、すでに仏が説いてくださっていることですので、なにも驚くことではありません」

「かへすがへすこころぐるしく候ふ」。親鸞さんの辛そうな苦渋の顔が浮かんできます。自分が勧めた念仏によって、居場所がなくなっている人がいるという現実。念仏に生きるということは、そういう状況を現に生み出していたのです。「この世のならひにて念仏をさまたげんことは、かねて仏の説きおかせたまひて候へば、おどろきおぼしめすべからず」と書きながら、辛くてたまらないというお気持ちが伝わってきます。しかし、何とか踏ん張ってほしい。念仏に生きるということ、言い換えれば、人間として、本当の人間として、自律し自立していくということは、そういう厳しさなのだと。居住地を変えてでも守るべき人間の尊厳の証しなのだと。何とかしてその厳しい状況を乗り越え、守り抜いてほしい。それが親鸞さんの願いだったのではないでしょうか。

■親鸞さんが「神々が念仏者を護る」を言う理由

話を最初に戻します。②として取り上げた「神々が念仏者を護る」ということです。それまでにも世間で使われてきたこの言い方を、親鸞さんは使います。それは「神と仏とは仲良し」というようなことでは決してありません。親鸞さんの本音は、『教行信証化巻末』でさまざまに書かれているように、「神を拝まない」（神祇不拝）ということです。そのことは一貫して揺るぐことのない、親鸞さんの信の立ち位置でした。そうであるならば、本来なら「神々から護ってもらう必要など全くない」ということになるはずです。いえ、親鸞さんご自身はそういう思いだったのでしょう。しかしながら、この念仏の道を人に伝え勧めようとするときに、そのままストレートに出すことをためらったのです。それは、それによって引き起こるであろう厳しい状況を思う時、門徒衆が被るダメージを、少しでもやわらげたいという思いがあったためだろうと私は思います。

諸神諸仏に対して、「帰依はしない、が、捨てもしない」ということ。さらには、神々と諸仏菩薩を区別しながら、慎重な言い回しをしています。先ほどの手紙Aでは、諸仏菩薩にはご恩があるとしています。長年仏教界にいた親鸞さんにとって、諸仏菩薩は無縁ではなかったわけですから、それは本音なのでしょう。しかし神々には、そのような表現はありません。護ってくれる存在だから粗末にしてはならない、という言い方です。神々でさえそうなのだから、諸仏菩薩はなおさらだ、と。粗末にしないということの理由付けに、「護られている」という言い方が必要だったのでしょう。

「粗末にしない、捨てない」という立場を示すことで、神道社会の中での風当たりを幾分でも和らげようという思いだったのだろうと思います。それだけ念仏に生きるということが、この社会においては許されざるものであったということです。それは違う言い方をしますと、力関係（権威や権力による支配）によって従属させられている社会の中で、一個人として自律し自立することの難しさ、厳しさ、であると言えます。その厳しい道こそ、真実の道であるとして共に歩もうと呼びかけながら、同時にそれによってつぶされそうになっている門徒衆を、何とかして支えていきたいという親鸞さんの切実な思いがあったように思います。

そして親鸞さん自身は、その厳しさの象徴的事件である「承元の法難」で流罪になっています。右に見てきたことは、そのことを通しての門徒衆への対応でした。次にその事件についてお話したいと思います。

六　「承元の法難」…権力からの念仏弾圧①

ここまで、民族宗教である神道によって成り立っている日本社会の中で、本来の普遍宗教としての仏教（専修念仏）を根付かせようと努力する親鸞さんの姿を見てきました。おもに京都へ帰られてからの手紙や和讃などをご紹介してきましたが、それらの原点になった出来事が、親鸞さん三十五歳のときの「承元の法難」と呼ばれている事件です。

■事件の下地

承元というのは、その時の年号です。正確に言うと建永二年（一二〇七年）二月です。十月に承元に改元されています。「建永の法難」とも言います。ひと言で言えば、時の政府（朝廷）によって、法然の念仏一門が弾圧され解散させられた事件です。このとき四人が死罪になり、八人が流罪になりました。法然は讃岐へ、親鸞さんは越後へ流罪になりました。

親鸞さんも「犯罪者」でした。いったいどういう罪を犯したのでしょうか。このことはとてもとても重要なことです。親鸞さんの念仏を理解する上において、九十年の生涯の中でもっとも重要な出来事と言ってもいいと思います。逆に言うと、この出来事をしっかりと見極めることで、「親鸞さんの念仏とは何であったのか」という、その本質が見えてくると言ってもよいと思います。

法然や親鸞さんたちは、いったい何をしたのでしょう。念仏を称え、その念仏の教えを人にも伝えようとした、それだけです。実はそれが「罪」になったのです。もう一度法然や親鸞さんの念仏を簡単に振り返っておきましょう。法然が説いていた念仏の教えは、それまでの仏教とはずいぶん違いました。整理すると次のようになります。

【それまでの仏教】		【法然の仏教】
●山の中で	↓	●日常生活の中で
●出家仏教	↓	●だれにでも
社会生活を捨てて寺にこもる		普通の生活をしながら出会う仏教

●さまざまな修行
　厳しい修行をする
　↓
●専修念仏
　念仏を称えるだけ

●戒律仏教
　〇〇をしてはいけない、というような規則
　↓
●戒律なし
　規則なし

●女人禁制
　女は男の修行の邪魔になる、という理由
　↓
●女性もＯＫ
　性別職業も無関係。すべてに開放

　そのほかにも、仏教を学ぶ上での階級のようなものも当然ありませんし、お経を読む学問が必要だということもありませんし、生まれや家柄が問われたりもしません。とにかくいろんな面で、それまでの仏教とは違うスタイルでした。

　もちろんそれはスタイルの問題だけではなく、仏教への理解そのものの違いでした。簡単に言えば、それまでの仏教は、すでに形だけになり、本当の仏教として働いていない。現実の苦悩する人々を導くための、生きた本物の仏教が必要だ。そんな思いで法然によって始められたものです。

　何事もそうですし今もそうですが、古いものを乗り越えようとする新しいものが出てくると、当然ながら古いものと衝突します。古いものは新しいものを認めようとせず、排斥しようとします。この場合もそうでしたし、またそれだけではありませんでした。

■専修念仏をきらう人たちと理由…その一

法然の専修念仏が京都で広がっていくにしたがい、それをにがにがしく思っていた人たちがいました。一つにはそれまでの仏教の中心であった、比叡山や奈良仏教のお坊さんたちでした。法然たちの仏教を鎌倉新仏教とか言いますので、それまでの奈良や平安時代の仏教を旧仏教と呼んでおきます。法然たちはことさら旧仏教を否定したわけではありませんが、新しいことを言うということは古いことを否定しているということにもなります。旧仏教のお坊さんたちが面白くないのは当然でした。それまでの仏教の常識から言えば、とても仏教などとは言えないものが、京の都で大勢の人たちから注目され始めたのです。同時にそれは、これまでの仏教への批判でもあったのです。こんなもの許すわけにはいかない、ということになりました。詳しい理由についてはあとでお話しします。その前に、もう一つの「気に入らない人たち」のことです。

■専修念仏をきらう人たちと理由…その二

専修念仏をきらったもう一つの人たちは、時の権力者たちでした。当時は武士による幕府が生まれており、権力は朝廷と幕府と二つありました。どちらも力関係により、国と民衆を自分の支配下に置いておこうとしていました。力の強い者が力の弱い者を支配する。それは古今東西人間社会の変らない姿です。この国においても、古代よりそれは一貫してあった姿であり、それが揺らぐということはありませんでした。たとえ力のもっと強い者が現れ、力関係が逆転することがあっても、力による支配被支配という関係は何も変りませんでした。

ところがここで初めて、力による関係ではない、まったく異質な人間関係があることを提唱するグループが現れたのです。おシャカ様が残された仏教です。つながりあうすべての命が、共有する喜びをいっしょに作りだそうとする教えが、今この国においてよみがえろうとしていたのです。

専修念仏は、すべての者がアミダ仏から願いをかけられている仲間（親鸞さんは同朋という言葉を使っています）であると言います。そこでは、人間社会での価値観にもとづくさまざまな地位や立場や評価もまったく関係なく、無条件であらゆる人間に開かれたものとしてありました。

●「弥陀の本願には、老少・善悪のひとをえらばれず、ただ信心を要とすとしるべし。そのゆゑは、罪悪深重・煩悩熾盛の衆生をたすけんがための願にまします。しかれば本願を信ぜんには、他の善も要にあらず、念仏にまさるべき善なきゆゑに。悪をもおそるべからず、弥陀の本願をさまたぐるほどの悪なきゆゑに」(『歎異抄』第一条)

【意訳】

「アミダ仏の本願では、年老いた者若い者、善(と言われる)人も悪(と言われる)人も選びません。ただアミダ仏のお心を聞こうとすることが大事だと知らねばなりません。そのわけは、とても深く重い罪悪をつくり、煩悩がとても盛んな人間たちを助けるための願いであるからです。ですから、本願を信ずる人は、他の善は必要ありません。なぜなら念仏よりすぐれた善はないからです。また悪をおそれる必要もありません。なぜならアミダ仏の本願を妨げるほどの悪はないからです」

力による関係とは、人間社会の価値観に基づく優劣評価、あるいは善悪評価によって生まれる上下関係から始まります。その善悪の評価を、まったく採用しないのが、アミダ仏の心だと言うのです。大事なことは、アミダ仏が何を願っているかを、耳を澄まして聞いていくことだと。それはなぜかというと、もとより煩悩によって罪を作ることしかしない者たちを助けるための願いであるからだと言うのです。人間にとって大事なことは、社会の価値観に振り回されて評価を上げようとすることではなく、全く逆方向で、アミダ仏の本願を聞きながら人間と人間社会の煩悩の愚かさを知らされていくことだと、親鸞さんは言うのです。そしてさらに、そういう生き方をする人は、人間社会の価値観で言う善など必要ないのだと言い、同じく悪呼ばわりされることも恐れるな、と言い切っています。人間が生きる上での拠り所（価値観）を、人間社会ではなく、アミダ仏の本願に置け、と勧めるのです。拠り所（価値観）の大転換です。人間存在の根拠をひっくり返すような主張です。

そのような法然一門の教えに、老若男女、農民、商工人、武士、貴族までさまざまな立場の人たちが、大勢引き寄せられていきました。こういった民衆の動きに、権力者はとても敏感でした。力関係で成り立っている社会の秩序が崩されるような、「危険」を感じたのだろうと思います。

七　「承元の法難」…権力からの念仏弾圧②

■弾圧の動き…幕府

　まず最初に動いたのは鎌倉幕府でした。『本願寺年表』（本願寺派発行）によると、一二〇〇年五月「幕府、専修念仏を禁止」とあります。この年親鸞さん二十八歳。つまり六角堂参篭ののち、法然の一門へ入る前年ということになります。法然が専修念仏を唱えはじめてから二十五年。源頼朝が征夷大将軍となり幕府がスタートしてから八年という年です。この時点ですでに法然の門弟たちが鎌倉に入っていたようです。もちろん、伝道のためです。それまでは京都が日本の中心でしたが、新たに鎌倉という土地が一気にクローズアップされ、人々が集まってきたのでしょう。そこを専修念仏伝道の新たな舞台として、法然門下の僧たちが意気込んで入り込んだのだろうと思います。その伝道が始まるや、幕府はそれをすばやくキャッチしているのです。権力者の嗅覚はするどいものがあると感心します。この動きを放置してはいけないと、即座に禁止令を出すのです。誕生したばかりの幕府が、足元でぐらつくのを恐れたのでしょう。

■弾圧の動き…「延暦寺奏状」

次に動いたのは、比叡山延暦寺でした。一二〇四年十一月。前出の年表には、「延暦寺衆徒の専修念仏の弾圧に対し、源空、七箇条制誡を作り、門弟に連署せしめ、また自ら山門に起請文を送る」とあります。延暦寺のお坊さんたちが、天台座主（延暦寺のトップ）に、専修念仏を止めさせるよう訴え出たようです（「延暦寺奏状」）。この内容については後でまた触れます。その比叡山の動きを受けて、朝廷が法然一門に誡告を出します。比叡山が怒っているから気をつけろ、という警告です。それで法然が、七箇条制誡を作り提出することになります。一門の者に次のような禁止事項を言い含めるのです。

第一条―他宗を批判したり、諸仏菩薩をそしるのをやめること。
第二条―念仏以外の人と論争するのをやめること。
第三条―念仏以外の人を嫌い嗤《わら》うことをやめること。

第四条—念仏には戒律はないとして、淫酒食肉を勧め、戒律を守る人を雑行人と呼び、本願をたのむものは悪をしてもよいと説くことをやめること。
第五条—勝手に自分の作った教えを語り、人を迷わすことをやめること。
第六条—正しい教えを知らずに人々を教化することをやめること。
第七条—自分勝手な教えを説いて、師の教えだと言うのをやめること。

これに法然の門弟一九〇名が署名しています。その中に親鸞さんも、綽空の名で署名しています。大勢の門弟の中には、法然の思いから離れて勝手なことを言う人もいたようです。

■弾圧の動き…「興福寺奏状」

さらに今度は、翌一二〇五年十月に、興福寺から朝廷へ訴え状が出されました。「興福寺奏状」と呼ばれている九か条のものです。興福寺の解脱坊貞慶という学者さんが書いたものです。「八宗同心の訴訟、前代未聞なり」という言葉があるように、興福寺単独での訴えというよりは、旧仏教全体を代表しての訴え状というもののようです。専修念仏の何が問題であるのかを九か条に分けて詳述し、そうであるから法然一門を早急に止めさせるべきであると強く訴えています。九か条は以下の通りです。

第一条「新宗を立つる失《とが》」…勅許もなく新しい宗派を立てる間違い
第二条「新像を図する失」…専修念仏の者だけが救われるという図を用いる間違い
第三条「釈尊を軽んずる失」…おシャカ様を軽んずる間違い
第四条「万善を妨ぐる失」…念仏以外の善を妨げる間違い
第五条「霊神に背く失」…神々を拝まない間違い
第六条「浄土に暗き失」…浄土の理解に暗い間違い
第七条「念仏を誤る失」…口称念仏にとらわれる間違い
第八条「釈衆を損ずる失」…無戒破戒を許し仏法を壊す間違い
第九条「国土を乱る失」…朝廷を中心にした国の秩序を乱す間違い

詳しい内容については後でお話しします。

■弾圧の動き…朝廷

この延暦寺や興福寺の動きに対して、朝廷も本格的な対応を始めました。「興福寺奏状」が出された一二〇五年十月の二ヵ月後に朝廷は、法然の「門弟の浅智」、つまり門弟たちの中に間違ったことをした者がいた、ということで法然に対しては大目に見て罪を許すことにしました。朝廷の中には九条兼実のような法然を慕う有力者もいたためです。ところが興福寺はそれに納得せず、翌一二〇六年二月に朝廷に対して法然を処罰するよう申し入れました。翌月朝廷は、法然の門弟の行空と遵西を処罰することを約束しました。その同じ日に法然は行空を破門しましたので、興福寺もそれを受け入れました。

そんなやり取りが続いていた最中に、後鳥羽上皇に仕えていた女性二人が、法然の門弟である安楽（遵西）と住蓮の開いていた法座へ参加し、出家したという出来事があったようです。一二〇六年十二月のことでした。それを知った後鳥羽上皇が激怒して、翌一二〇七年二月に専修念仏停止《ちょうし》を決定したということです。

■弾圧の理由は…

事件の経過は右のようなことでした。もっとも大事なことは、最初にも申し上げたように、専修念仏一門が解散させられた理由です。多くの人たちは、念仏停止が出された直前の、院の女房《にょうぼう》（宮廷などに仕えている女性）と安楽・住蓮の話に飛びつき、それが原因で法然一門が弾圧を受けたと考えているようです。はたしてそうでしょうか。もう少し丁寧に見ていきたいと思います。

八　「承元の法難」…権力からの念仏弾圧③

■弾圧の理由

●「ひそかにおもんみれば、聖道の諸教は行証久しく廃れ、浄土の真宗は証道いま盛んなり。しかるに諸寺の釈門、教に昏くして真仮の門戸を知らず、洛都の儒林、行に迷ひて邪正の道路を弁《わきま》ふることなし。ここをもつて興福寺の学徒、太上天皇後鳥羽の院と号す、諱《いみな》尊成今上土御門の院と号す、諱為仁聖暦、承元丁卯の歳、仲春上旬の候に奏達す。主上臣下、法に背き義に違し、忿りを成し怨みを結ぶ。これによりて、真宗興隆の大祖源空法師ならびに門徒数輩、罪科を考へず、猥りがはしく死罪に坐《つみ》す。あるいは僧儀を改めて姓名《しょうみょう》を賜うて遠流に処す。予はその一つなり。しかればすでに僧にあらず俗にあらず。このゆゑに禿《とく》の字をもつて姓とす」(『教行信証』化巻後序)

【意訳】

「私なりに考えてみると、聖道門のそれぞれの教えは、行を修めさとりを開くことがすたれて久しく、浄土真宗の教えは、さとりを開く道として今盛んである。しかし、諸寺の僧侶たちは、教えに暗く、何が真実で何が方便であるかを知らない。朝廷に仕えている学者たちも、行の見分けがつかず、よこしまな教えと正しい教えの区別をわきまえない。このようなわけで、興福寺の学僧たちは、後鳥羽上皇・土御門天皇の時代、承元元年二月上旬、朝廷に専修念仏の禁止を訴えたのである。天皇も臣下のものも、法に背き道理に外れ、怒りと怨みの心をいだいた。そこで浄土真宗の一宗を興された祖師源空上人をはじめ、その門下の数人について、罪の内容を問うことなく、不当にも死罪に処し、あるいは僧侶の身分を奪って俗名を与え、遠く離れた土地に流罪に処した。私もその一人である。だから、もはや僧侶でもなく俗人でもない。このようなわけで、禿の字をもって自らの姓としたのである」

『教行信証』化巻末の「後序《ごじょ》」と呼ばれる終わりの言葉からの一文です。ここで親鸞さんは承元の法難を取り上げ、「太政天皇後鳥羽院」「今上土御門院」と名指しで、専修念仏一門を弾圧し解散させた上皇と天皇「主上臣下」を厳しく批判しています。この事件について考えるとき、私たちはまずもってこの親鸞さんの一文を丁寧に検証する必要があると思います。

ここで親鸞さんはまず、旧仏教が廃れてきて専修念仏（浄土の真宗）が盛んになってきたことを言い、「諸寺の僧侶たちは、教えに暗く、何が真実で何が方便であるかを知らない」と言い切っておられます。そして興福寺の学僧が後鳥羽院と土御門天皇の時に訴えを起こし、それを受けて天皇と朝廷が「法に背き義に違し、忿りを成し怨みを結」び、「猥りがはしく死罪…遠流に処」したと記述しています。余談ですが、これは戦時中に本願寺が「空白トシ引用若クハ拝読セザルコト」と通達した一文です。

この親鸞さんの言葉から、念仏が弾圧された理由を読み取るとどうでしょうか。旧仏教に対しては、仏教に「昏《くら》」く、真実の教えと方便の教えの見極めが出来ていない、と批判しています。つまり旧仏教側が専修念仏を止めさせようと訴え出た理由は、仏教の理解の違いだと言っているわけです。また朝廷に対しては、真実に背いて道理から外れていると批判しています。法然や門弟たちへの死罪流罪は、間違った行為であると言っているのです。この文面から読み取れる弾圧の理由は、専修念仏という仏教を許せないということと、それを受けて朝廷が「罪科を考えず」に不法な処罰に出たこと、ということになります。

先に後鳥羽上皇に仕える女性の話を出しました。上皇不在の時に、この二人の女性が安楽と住蓮のもとで出家したというのが十二月。上皇が念仏停止を決定したのが翌年一月。この二つの間には、当然因果関係が認められます。しかし、念仏停止の原因がこの女性たちの問題だったというのは、あまりにも短絡過ぎます。直接の引き金になったのは事実でしょうけれども、それで片付けたのでは、この事件、いや、専修念仏に対する弾圧という問題の本質はまったく見えてこなくなります。

先ほどの教行信証での親鸞さんの言葉の中に、この女性たちの問題がかけらでも見えるでしょうか。もしそれが原因であるのなら、こんな激しい口調での批判文にはならなかっただろうと思います。

■その後も続く弾圧

念仏弾圧の一番初めは一二〇〇年の幕府によるものであったことをお話しました。そして一二〇四年から一二〇七年の承元の法難までの一連の動きがありました。しかしそれで終わったのではありません。それ以降の念仏弾圧の動きを、年表（前出『本願寺年表』）から抜き出してみます。（　）の中の数字は、親鸞さんの年齢です。

一二〇七（三十五）　一月　院宣により専修念仏を停止。
　　　　　　　　　　二月　源空とその門弟を処罰。源空を土佐に流し、西意・性願・住蓮・安楽を斬る。
一二一九（四十七）　二月　専修念仏禁止。
一二二四（五十二）　八月　延暦寺衆徒の奏請により、専修念仏禁止。
一二二七（五十五）　六月　延暦寺衆徒、大谷の源空の墓堂を破却。
　　　　　　　　　　七月　隆寛・幸西・空阿を遠流に処し、次いで専修念仏を停止。
　　　　　　　　　　十月　延暦寺衆徒、『選択集』の版木を焼却。
一二三四（六十二）　六月　朝廷、専修念仏を禁止。
　　　　　　　　　　七月　念仏宗のことにより、藤原教雅を流し、その与党を追放。

一二三五（六十三）　七月　幕府、黒衣の念仏僧の都鄙往来禁止を奏請。
一二三九（六十七）　五月　延暦寺衆徒、専修念仏の停止を幕府に請う。
一二六一（八十九）　二月　幕府、公布の厳制の中に、念仏者の女人以下を召寄せる事、僧徒の裹頭して鎌倉を往来する事を禁止。

一二〇七年の承元の法難以降も、親鸞さんの最晩年まで、比叡山延暦寺・朝廷・幕府による専修念仏への弾圧が続いているのがお分かりになるかと思います。このことは、一時のスキャンダルな事件というものではなく、また法然の一部の門弟による不祥事という話でもないことを示しています。それは専修念仏という仏教がそもそも持っている本質にかかわる問題、ということになるかと思います。

仏教というものが単に精神上の、あるいは心の内側だけのことであるというのなら、世間の状況と何もトラブルを生むことはありません。しかしこれまでにお話してきましたように、仏教に生きるということは、それと相容れない人間の本性と、それによって成り立っている現実社会の愚かさ悲しさが、厳しくあぶり出されるということに他なりませんでした。それは二つの異なる価値観どうしの対立であり、摩擦でした。現実的にはそれが、権力による弾圧として現れ出てきたのです。

九　「承元の法難」…権力からの念仏弾圧④

■人間社会の構造

これまでのところで、この事件が専修念仏の本質にかかわるものであり、それが本来の仏教に立とうとするがゆえの弾圧であるということをお話してきました。何度も繰り返しになって恐縮ですが、親鸞さんの念仏を理解する上での、もっとも重要な部分だと思っています。

私たちは言うまでもなく社会的な存在です。一人で生きているのではありません。生まれてから死ぬまで大勢の人の中で生きています。つまり他者と関わりながら、さまざまな関係の中で生きています。仏教はその関係を大事にしろと教えるのですが、私たちの現実はその逆です。

人間の本能として、自分自身に執着し、自己中心・自己満足・自己保身を求めながら生きています。そのために、他者と「共に生きる」ということがとても下手です。

たとえば私たちは、他者と向き合うとき「比べる」ということをします。自分と相手とを比べて、どちらが良いとか悪いとか無意識に考えています。同じ仕事をしていると、どちらのほうが仕事がきれいか、速いか、上手いか下手か、などを考えてしまいます。自分より下手な人を見ると、「ダメだよー、そんなんじゃー」とか「もっとこうするんだよー」とか言いたくなります。口に出さなくても心の中で、「ヘタくそだなー」と見下げたりしています。

身なりが良い悪いとか、背が高い低いとか、顔立ちが良い悪いとか、持ち物が良い悪いとか、社会的な立場がどうだとか、職業が何だとか、年齢がどうだとか、財産があるないとか、体が健康だ病気だとか、すべて同じです。それらは命そのものではなく、言ってみれば命の飾り、あるいは命の付属物とでもいうものです。

そしてその命の飾りはおのおの違います。それを無意識に比べています。そこに優劣・上下という評価が生まれてきます。その基準は何でしょうか。それが人間社会の価値観であり、またそれをいつの間にか刷り込まれている私自身の価値観であるわけです。

命の飾り・付属物ではなく、命そのものを見るべきだというのが、仏教の見方です。そしてその命そのものは、どの命もすべて、同じ大きさ同じ重さ同じ大事さがあって、どの命もすべて尊ばれるべき命なのだと言うのです。命の尊厳です。私たち人間は自己保身のために、いつのまにかその命の尊厳が見えなくなっているのです。

自分が他者よりも優位に立っていると思う時、私たちの本能は安心します。逆に他者よりも劣っていると思う時、不安になったり辛い気持ちになったりします。こうした私たち人間の自己保身的自己執着心によって関係が作られるとき、その関係はつねに優劣関係であり、上下関係になります。上と下のタテの関係です。それは当然ながら力による関係であり、力の行使は上から下へなされます。強い言葉で言えば「支配」です。図示すると次のようになります。

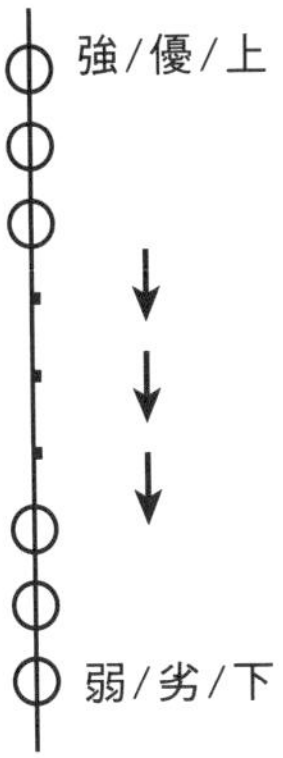

古今東西を問わず、人間の本能的愚かさが変らない限りは、その社会というものはそうならざるをえません。そこでは弱者がつねに虐げられ、傷つけられ、苦しみを押し付けられます。弱者がそこから抜け出ようとするならば、より強い力を身に付け上の者を引きずり落とさねばなりませ

ん。そのための武力による争いは、人間の歴史そのものと言っても過言ではありません。それゆえ、強者もまた、力による転覆をおそれ苦悩は離れません。そのような人間社会のありさまを見抜き、それを「煩悩」という言葉で説明し、そこから解脱《げだつ》する道を説いたのが仏教でした。

■念仏が示そうとした社会

そのような現実の人間社会に対して、法然や親鸞さんたちが拓こうとされた社会とは、どういうものだったのでしょうか。タテの関係の基盤になっているのが人間の本能的愚かさである自己執着心であるのに対して、こちらの基盤はアミダ仏の本願です。タテの関係が人間の命の飾り（付属物）を見るのに対して、こちらは命そのものを見ようとします。命そのものは、まったく大も小もなく、優も劣もなく、上も下もなく、強も弱もありません（病弱というのは命が弱いのではなく、体が弱いのです）。命そのものを見るとき、そこに「尊厳」という動かすことの出来ない共通の原点を見出すことができます。この命の尊厳に立って、お互いの関係を作り直すというのが、念仏が示そうとする新たな社会です。そこでは「私」と「他者」との関係は、上下ではなく、まったく対等な価値を持った者どうしのヨコの関係になります。それが親鸞さんの言う「同朋」です。アミダ仏から本願という願いをかけられ続けている者どうしであり、仲間であると言うのです。図にしてみると次のようになるかと思います。

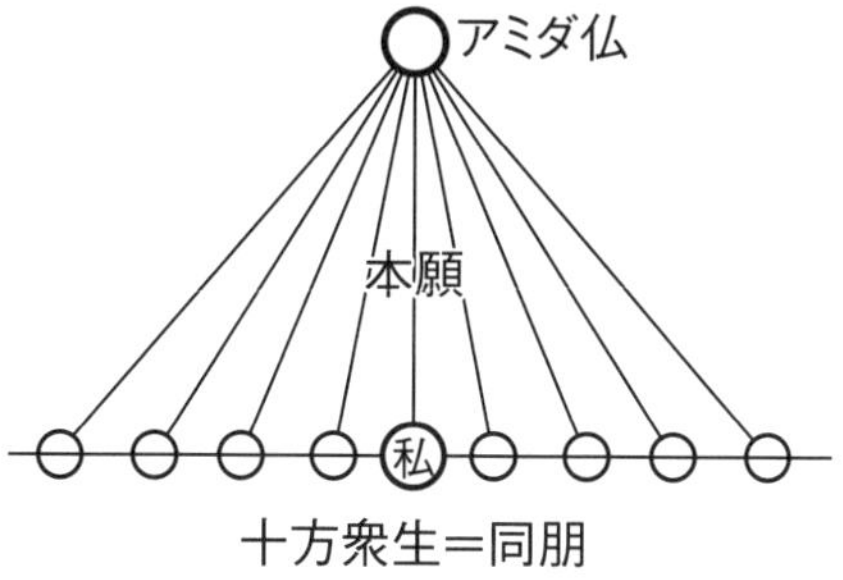

ここではお互いの命の尊厳を認め合い、一人ひとりが人間として自分の道を歩くことをお互いに尊重していこうとする意思が働きます。なぜなら、それがアミダ仏の願いであるからです。自分自身が自律し自立していくためには、他者の自律自立を認めていかねばなりません。それゆえ、人間の本能にもとづく対立争いではなく、協調、共生、支えあうという方向が求められます。

●「としごろ念仏して往生ねがふしるしには、もとあしかりしわがこころをもおもひかへして、とも同朋にもねんごろにこころのおはしましあはばこそ、世をいとふしるしにてもそうらはめ、とこそおぼえさふらへ」（親鸞さんのお手紙）

【意訳】

「日ごろからお念仏をとなえてお浄土へ往生しようと願う人は、もともとの悪かった自分の心を思い返して、友や同朋にも親しく心をかけあうようになるのですし、それがこの人間社会の悲しみを問題にするということでもあります」

■二つの価値観の対峙

法然の専修念仏一門は、このタテの関係で成り立っている人間社会の中で、本願に基づいたヨコの関係を進めようとしました。このヨコの人間関係が広まるということは、タテの関係のあり方を認めない人間が増えるということです。そうなると一番困るのは誰でしょうか。タテの関係の一番上で、力による支配を行っている権力者です。

法然や親鸞さんたちは、現実の社会のあり方に対して直接的に批判していったわけではありません。もちろん民主主義など及びもしない封建社会そのものの時代です。民衆が団結して権力に向き合う、などという構図はありえない時代です。念仏一門が行ったことは、アミダ仏の願いに生きるという教えを広めることでした。言葉で言えばたったそれだけのことです。しかし、このことが実は、社会的意味合いにおいて、あるいは思想的意味合いにおいて、とてつもなく大きな出来事であったのだろうと思います。

おそらく時の幕府にしろ朝廷にしろ、専修念仏が立とうとしているアミダ仏の本願というものが、自分たちが拠り所にしている力による支配関係を根底から覆す原理を持っていることを、理論的に明確に理解できていたわけではないと思います。であるからこそ、朝廷は当初、中心人物である法然を許すという生ぬるい姿勢を見せたのでしょう。しかしながら一二〇〇年に幕府が動き出したように、権力の直感的嗅覚によって、「何だかよくわからないけれども、危険な良くない動き」として受け止めたのではないでしょうか。権力者のもとで従順であった民衆が、社会の常識（価値観）とは異質なるものに目を向けるようになる。このことは権力者にとって、放ってはおけないことと映ったに違いありません。そしてそのことを権力者自身よりも敏感にキャッチしたのが、力による支配構造を精神的に支えていた仏教界であったのです。もちろん「　」付きの「仏教」と言うべきものであるわけですが。

十　「承元の法難」…権力からの念仏弾圧⑤

■延暦寺奏状

旧仏教勢力の中で動き出したのは、延暦寺と興福寺でした。一二〇四年に延暦寺のお坊さんたちが専修念仏の停止を言い出しました。この時の内容は確認できないのですが、一二二四年に延暦寺から朝廷に出された上奏文は見ることが出来ます。項目だけ列挙しますと次の通りです。


一．弥陀念仏を以て別に宗を建てるべからずの事。

二．一向専修の党類、神明に向背する不当の事。

三．一向専修、倭漢の礼に快からざる事。

四．諸教の修行を捨て、専ら弥陀仏を念じて広行流布の時は、ここに未だ至らざるの事。

五．一向専修の輩、経に背き師に逆う事。

六．一向専修の濫悪を停止して護国の諸宗を興隆せらるべき事。

この一二二四年は、法然さんの十三回会の翌年です。法要を機に再び広がり始めた専修念仏に対して、延暦寺がその弾圧を朝廷に求めたもののようです。この訴え状の冒頭に次のようにあります。

●「延暦寺三千大衆法師等誠惶誠恐謹言

天裁を蒙り一向専修の濫行を停止せられることを請う子細の状」

【意訳】

「延暦寺の三千人の僧たちが、畏れ多くも申し上げます。

天皇の裁可をいただいて、専修念仏の乱行を停止してくださることをお願いする詳しい書状」

そして文面の終わりには次のようにあります。

●「望み請うらくは恩裁を被むり一向専修の停止を下して、八宗の教行を興隆せば、仏法王法万歳の昌栄を成じ、天神地祇一朝の静謐を致す。衆徒等法滅の悲に不堪なり」

【意訳】

「望み願うことは、天皇の御裁断をいただいて専修念仏を停止させ、八宗（これまでの仏教各宗）の教えと修行が興隆すれば、仏法と王法が末永く繁栄を続け、神々によって守られるこの国の静けさを保つことが出来ます。私たち僧たちは、仏法が滅んでいく悲しみに耐えることが出来ません」

この延暦寺からの訴えを受けて朝廷は、三ヵ月後の同年八月に専修念仏を禁止しました。この奏上文の書き出しと締めの文だけでも分かるように、当時の仏教界の立ち位置は、時の権力者と同質同列で肩を並べるものでした。本文の中にも次のようにあります。「右仏法王法互守互助　喩如二鳥二翅　猶同車両輪」。つまり「仏法と王法は互いに守り互いに助け合うものである。それはたとえば鳥の二つの羽のようなものだし、車の両輪のようなものだ」と。王法とは、時の政治体制のことです。この「鳥の双翼、車の両輪」という言い方は、のちに本願寺が成立した後の念仏理解にも現われます。親鸞さんの念仏が崩され、この時の旧仏教と同じものに逆戻りしていることが分かります。

さて、この中から神祇信仰に関する部分を取り上げますと、第二項に「一向専修の党類、神明に向背する不当の事」とあり、最初にこう書いてあります。

●「右吾朝者神国也　敬神道為国之勤勤　討百神之本無非諸仏之迹」

【意訳】

「私たちの国は神の国です。神道を敬うことが国の勤めです。多くの神々の本を訪ねると諸仏の姿を変えて現れたものでないものはありません」

「神の国」で思い出すのは、二〇〇〇年の森喜朗氏の「日本は天皇を中心にした神の国」という発言です。総理大臣という立場でこの発言を行い、与党内からも「もっと慎重に…」とクレームが出ました。現在の政権も「慎重に」やっているだけで、神道を政治の基本理念においていることに変わりはありません。日本という国の精神的基盤は何も変っていないということを実感します。

さてこの文に続いて、伊勢・正八幡・加茂・松尾・日吉・春日などが、釈迦・薬師・弥陀・観音などの現れ出たものであるという、本地垂迹の説明があり、

●「而今専修輩　寄事於念仏　永無敬明神　既失国之礼　何無神之咎」

【意訳】

「それなのに、専修の者たちは、念仏にことを寄せて、神を敬うことをしない。すでに国の礼を失っている。どうして神のお咎めがないことがあろうか」

と憤りの言葉が続いています。

先にもお話ししましたように、ここで使われる本地垂迹という考え方（本は仏であったものが、人間を救うために神の姿をもって現れたという考え方）が、当時の仏教界の常識でした。日本に伝わった仏教は、そのように神道と融合して定着していました。それはとりもなおさず、普遍宗教としての本来の仏教の本質を失っている姿でした。そこを明確に線引きし、本来の仏教を取り戻そうとしたのが専修念仏でした。

旧仏教からすれば、それは到底許されることではありませんでした。文中に「既失国之礼」

とあるように、すでにこの国の人間としての礼を失っていると言うわけです。とても明確な指摘だと言わねばなりません。

ついでに言っておきますと、のちの本願寺成立時においては、これまたこの本地垂迹説を使いながら、親鸞さんの神祇不拝を捨てていきます。「国之礼」を再び取り戻していくわけです。つまり普遍宗教である仏教を捨てて、民族宗教たる神道と一つになろうとするのです。

こうした当時の仏教の常識を捨てて、すべての人たちに開かれた本来の仏教を確立しようとした法然一門が、現実的に大勢の民衆に受け入れられていたことが、次の文面からうかがい知れます。

●「貴賎趣其教　男女随彼言　衆人如狂　万民似酔」

【意訳】

「身分や立場に関係なくその教えに耳を傾け、男も女も彼の言葉に従い、大勢の人が狂ったようで、酔っ払いに似ている」

●「而今濫悪之輩充満国土」

【意訳】

「ところが今、その乱れた悪い者たちが国土に充満している」

●「而当世一向専修為体也　結党成群　闐城溢郭　槐門棘路多帰此教」

【意訳】

「ところが今日、一向専修を唱える者たちは、党を結び群をなしている。都に満ち溢れて、朝廷の地位のある者まで、大勢がこの教えに帰依している」

法然のもとへ集まる人々の様子がうかがい知れます。おそらくそのへんが許されないことだったのでしょう。もし新しいことを始める人がいても、世間の者が誰も見向きもしなかったら、ただ笑うだけですみます。朝廷を動かして弾圧を加え、解散に追い込もうとするのは、それだけ比叡山にとって脅威であったということです。ちなみに「槐門棘路《かいもんきょくろ》」とは、大臣やその取り巻きのことですが、九条兼実などを指しているのでしょう。

■興福寺奏状

最後に一二〇五年の「興福寺奏状」をながめておきましょう。前にもお話しましたが、その文面から、興福寺単独での奏上というよりは、旧仏教界全体を代表してという意味合いが強かったようです。解脱坊貞慶が起草して九か条にまとめられたものです。九か条の項目だけ再度掲載します。

第一条「新宗を立つる失」…勅許もなく新しい宗派を立てる間違い
第二条「新像を図する失」…専修念仏の者だけが救われるという図を用いる間違い
第三条「釈尊を軽んずる失」…おシャカ様を軽んずる間違い
第四条「万善を妨ぐる失」…念仏以外の善を妨げる間違い
第五条「霊神に背く失」…神々を拝まない間違い
第六条「浄土に暗き失」…浄土の理解に暗い間違い
第七条「念仏を誤る失」…口称念仏にとらわれる間違い
第八条「釈衆を損ずる失」…無戒破戒を許し仏法を壊す間違い

第九条「国土を乱る失」…朝廷を中心にした国の秩序を乱す間違い

「失《とが》」というのは、欠点や間違いのことです。法然一門の専修念仏が、どのように間違っているのかを指摘しています。先ほどご紹介した「延暦寺奏状」は一二二四年のものですので、この興福寺からの奏上文を押さえてのものになります。ここでは第五条「霊神に背く失」と、第九条「国土を乱る失」について取り上げたいと思います。

「第五条　霊神に背く間違い」として、念仏の者たちが神道と決別していることを批判します。もともとの鬼神は置いておいても、仏が姿を変えて現れた神はすぐれた存在であり、最澄などのこれまでの高僧たちも拝んでいると。僧は朝廷を敬う。ましてや霊神に対しては言うまでもないことだ。このような無礼なことは、もっとも止めさせるべきものだ、と指摘しています。

また「第九条　国土を乱す間違い」として、次のようなことを指摘します。仏法と王法は心と身体のようなものだ。お互いにその安否を見て、その盛衰を知るべきである。それは天地のように二つで一つのものだ。そして仏教界は一つでなければならないのに、専修念仏の者はこれまでの諸宗と並ぼうとしない。このままでは国内の仏事法事が早々に止まってしまう。今この時に誡めなければ後に困惑を残す。仏教界を挙げての訴えは前代未聞だ。天皇のご判断を仰いで、願うところは、源空（法然）の専修念仏の教えを糾して改めさせてほしい、と記しています。

■親鸞さんの神祇不拝の意味

親鸞さんにおける神祇不拝（神を拝まない）ということは、単に礼拝の対象が違うというような問題ではなく、この人間社会の中で私が生きていくということの根源的な問題だということです。この国における民族宗教としての神道が、その当初より力による支配関係を支える精神基盤として機能しており、それは仏教から言えば、人間の煩悩による苦悩の状況を生み出すものに他なりませんでした。そして親鸞さんの念仏は、十方衆生利益というアミダ仏の本願を拠り所にすることによって、それを克服していくものとしてありました。

今、承元の法難を初めとする一連の専修念仏弾圧をながめ、その根拠となってきた「延暦寺奏状」および「興福寺奏状」を見てきました。その条文の端々から、その当時の仏教界の姿が見えてきます。奈良時代の仏教は鎮護国家が目的でした。それを乗り越え本来の人間救済を求めたはずの平安仏教でしたが、その現実は延暦寺の姿を見れば明らかです。そこでは苦悩する人間に向き合うのではなく、向いている方向はつねに王法、すなわち時の権力による政治体制でした。そういう意味では奈良仏教も平安仏教も同質であり、延暦寺と興福寺が並ぶのも当然のことでした。

そして大事なポイントは、その「仏教」と権力とを結びつける精神的絆が、神道であったということです。権力は古代より、神道を基盤にした祭政一致体制に支えられ継続してきました。仏教は日本に伝来した当初より、神道と習合（一つになる）した「仏教」として存続してきました。当然のことながら、「仏教」は権力を支え、権力は「仏教」を保護し、まさしく「心身」のごとく、「双翼」「両輪」のごとく支えあい、この国を支配してきたのです。

そこにするどく切り込んだのが、専修念仏一門でした。「ただアミダ仏をあおぎ、ただ念仏ひとつを称える」という、極めてシンプルな教えによって、人々は自分というものを見つめ始めました。人間というもの、生きるということを考え始めました。力の元での従属を求める権力者にとって、一人ひとりが自分で物事を考え始めるというのは、とても都合の悪いことでした。力関係があるからこそ保たれている社会の秩序。神道という精神性によって安定している秩序。それが今、アミダ仏の本願という全く異質な価値観によって切り込まれてきたのです。足元から揺らぐ感触があったのではないでしょうか。国土の秩序を乱す。許されないことでした。

■『教行信証』の目的

『教行信証』に見られる承元の法難についての文は、最後の部分にあります。つまり化巻末の後です。化巻末では外教邪偽について、相当な紙数を費やして記述されています。人間がその愚かさゆえに陥っていく迷いの宗教。それを列挙した後に、承元の法難の記述はあります。この国の仏教もすでに迷いの宗教に堕落し、権力と共に専修念仏を弾圧し、師法然以下の者を死罪流罪に処したと。厳しい言葉での批判です。

『教行信証化巻』はこの最後の批判文を書くための序章であったと思われますし、『教行信証』全体がそのためのものだったのではないかと思えてきます。親鸞さんにとってこの事件は、真実の仏教を押しつぶそうとする暴挙で、到底許すことの出来ないことだったのでしょう。仏教とは何であったのか。旧仏教から訴えられた内容を踏まえて、一から論を展開し、法然によって開かれた真実の仏教を明らかにし、それによってこの事件とその後の念仏弾圧の不当性を論証しようとされたのでしょう。

私たちが「親鸞さんの念仏」を本当に受け止めようとするならば、この点をしっかり抑える必要があると思います。それは親鸞さんの厳しさを受け止めるということでもあると思います。

以前ある寺の法座で、承元の法難についてのお話をしました。そのとき、おじいちゃんに連れられて本堂に座っていた男子高校生から質問をいただきました。

「今の本願寺は弾圧を受けないのですか？」

驚きました。こんな質問が出るとは。でもとてもうれしかったのを覚えています。こういうストレートな、思ったままの質問はとても大事なのです。こんなことを答えたのを思い出します。

「今の本願寺は権力から弾圧を受けていません。なぜでしょうか？権力というものは今も昔も変りません。ということは念仏のほうが変ったということですね。弾圧を受けない存在になった。それはどういうことでしょうか？一度ご自分で考えてみていただければありがたいです」

本願寺が弾圧を受けない理由。そのことを私たちは明らかにしなければなりません。本願寺とはいったい何であったのか。そして親鸞さんの念仏はどうなってしまったのか。

第二章　本願寺の成立…神祇信仰の受け入れ

一　本願寺の成立

■廟堂留守職をめぐる争い

　親鸞さんの最期を看取ったのは、最後の子供であった娘の覚信でした。覚信は日野広綱と結婚し、長男の覚恵がおりました。日野広綱が亡くなった後、晩年の親鸞さんの世話をしていたようです。そして親鸞さんが亡くなられたあと、小野宮禅念と再婚し唯善が生まれました。その四年後に覚恵の長男として覚如が生まれています。

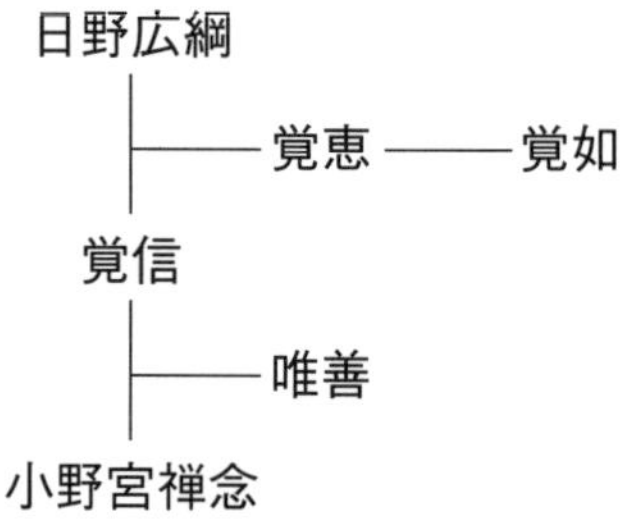

　親鸞さんの遺骨は大谷の墓地に納められましたが、一二七二年に

覚信が住んでいた吉水の北に廟堂を建て、そこに移されました。大谷廟堂と呼ばれたようです。その廟堂の管理者である廟堂留守職《びょうどうるすしき》に覚信がなりました。関東の門徒たちもここへ参集し、親鸞さんを偲んだようです。一二八三年病気を患った覚信は、廟堂留守職を覚恵に譲りました。

それから二十年ほど後でした。留守職をめぐっての大きな騒動がありました。つまり、覚恵の後、誰が留守職に就くのかの争いです。以下に、『本願寺年表』（本願寺派発行）から、関連する項目を列挙してみます。（　）カッコ内は、私が付けた説明です。

一三〇一年十二月六日　　唯善、大谷管領の院宣を請う。

（唯善が、自分が大谷廟堂の管理者であることを証明する院宣を求めた。）

（院宣《いんぜん》とは、上皇の命令によって出される公文書で、天皇からの宣旨《せんじ》に相当します。）

冬　　道信、唯善の大谷横領の策謀を覚恵に告げる。

（道信が、唯善が大谷廟堂の管理権を奪おうとしていることを覚恵に伝えた。)

一三〇二年一月　覚如、大谷安堵の件について東国へ赴く。

(覚如が、大谷廟堂を安堵してもらうことについて相談するため、関東の門弟たちを訪ねた。)

(「安堵《あんど》」については、後でお話します。)

二月十日　後宇多院、大谷敷地安堵の院宣を門弟中に授く。

(後宇多院が、大谷敷地を安堵する院宣を、門弟たちに授けた。)

四月五日　後宇多院院宣の添状授与さる。

(後宇多院からの院宣の添え状が、門弟たちに授与された。)

四月八日　門弟等二十一名連署して、院宣を門弟中に保管し、覚恵の留守職を確認。

(門弟等二十一名が連署して、院宣を門弟たちで保管して、覚恵が廟堂留守職であることに相違ないことを確認した。)

五月十五日　順正、院宣の保管について覚如に書状を送る。

五月二十二日　覚恵、留守職を覚如に譲り、その旨を門弟等に通知。

一三〇三年　　唯善、宗祖の門徒は諸国横行の一向衆徒にあらざる由の安堵状を、幕府から得たと称す。
（唯善が、親鸞さんの門徒は、現在諸国を横行して取締りを受けている一向衆徒ではないという安堵状を、幕府から得たと語った。）

一三〇四年十二月六日　　唯善、宗祖の門流は禁圧の一向衆徒と区別する旨の幕府の下知を得たと顕智に告げる。

一三〇六年十一月　　覚恵病臥。唯善、大谷影堂の鎰を覚恵に強要。
（覚恵が病気で寝込む。唯善が、大谷廟堂の鍵を渡すよう覚恵に強要した。）

一三〇七年四月十二日　　覚恵没（六十余?）。

冬　　岩代野辺の了意等、覚如を伴って東国へ赴く。
（岩代野辺の了意たちが、覚如を連れて関東へ行った。）

一三〇八年　夏　　鹿島・高田・和田の門徒等上京し覚如と大谷の恢復策を講ず。
（関東の門徒たちが京都へ来て、覚如と大谷の回復策を相談した。）

十一月三十日　検非違使別当、覚如の留守職を安堵し、唯善の非理を排す。

（検非違使別当が、覚如が留守職であることを安堵し、唯善の言い分を排除した。）

（検非違使とは、京都の治安維持のために置かれた役職で、今の警察や裁判所の役割をした。別当はそこの長官で、とても大きな権限を持っていた。）

このち、唯善、大谷は青蓮院の沙汰とする院宣を得、青蓮院は覚如等に同院が処理することを申入る。

（この後唯善は、大谷廟堂の問題は青蓮院が結論を出すという院宣を得、青蓮院は覚如たちに同院が処理することを申し入れた。）

一三〇九年七月上旬　覚如・門弟の代表等、青蓮院で唯善と対決。

（覚如と門弟の代表たちが、青蓮院で唯善と対決することになった。）

七月十九日

青蓮院、唯善の非分を擯け、影堂並びに敷地の管領を門弟中に安堵。唯善、宗祖の影像以下を奪取して関東へ逐電。

（青蓮院は、唯善の言い分をしりぞけ、廟堂並びにその敷地の管理権が門弟たちにあることを安堵した。唯善は、親鸞さんの肖像その他を奪い取り、すぐに関東へ逃げた。）

九年間の騒動の顛末が、おおよそお分かりになるかと思います。覚恵が病気がちになり、近いうちに留守職後継が持ち上がると見たのでしょうか、唯善が名乗り出てきます。あわてた覚恵と覚如は、関東の門弟衆と協議しながら対処します。結果は覚如たちに軍配が上がり、唯善は廟堂の影像などを奪い、廟堂を破壊して逃げるという結末になりました。この後、翌一三一〇年の秋に、覚如は留守職に就任しています。ここから以降今日に至るまで、血縁による継承が続いています。

■安堵を求める攻防

さて、この騒動は唯善が院宣を請うたところから始まります。院宣は言ってみれば、当時のもっとも権威のある公文書です。その院宣で「大谷廟堂の管理権は唯善にある」と言ってもらえれば、もう怖いものなしです。その動きを受けて覚如側はどう動いたのでしょうか。翌月にすぐ、関東の門弟衆たちのもとへ相談に行きました。相談の内容は「大谷安堵について」でした。ここに出てくる「安堵」という言葉が、このお話の最大のキーワードです。この後にも何度も登場します。

安堵と言いますのは、古代末期から近世にかけて、主君（支配者）が家臣（被支配者）に対して土地の権利や役職の存在・継続・移転などを保証したり承認したりする行為のことです。とくに平安時代後期以降になると、社会の不安定によって私有財産侵害が多くなり、権利保証という意味合いでの「安堵」がよく使われるようになったようです。つまり、ある人が「ここは私の土地です」とか、「これこれは私の権利です」ということを世間に明らかに示そうとするとき、時の実力者に申し出て、それを承認し保証してもらうわけです。実力者はそれを保証して精神的に安心（安堵）させてあげる代わりに、その相手からそれなりの奉仕を求めたのです。鎌倉幕府もその「御恩と奉公」で、御家人との強い関係を作っていたようです。

今の場合ですと、安堵を求める相手としての実力者は、院（天皇が引退した後の上皇）や、検非違使別当、または幕府が出てきました。その中でももっとも大きな権威を持っていたのが院からの安堵状である院宣です。

唯善はそれを求めたのです。そしてそれに対する覚如側も、同様に院からの安堵を求めました。関東へ相談に行った翌月、後宇多院から早速に院宣が出されています。門弟たちはそれを大切に保管し、それによって覚恵が留守職であることを再確認するのです。

最終的には、決着は青蓮院（天皇家と関係の深い天台宗の門跡寺院）が出すという内容の院宣が出されました。その結果、覚如と門弟衆が青蓮院から安堵されたというわけです。

■本願寺の成立

留守職に就任した覚如は、親鸞さんの影像や建物などを復旧しました。そして一三一二年にそこへ「専修寺」の額を掲げました。しかし延暦寺からの抗議を受け、撤去しています。しかし覚如は、廟堂の寺院化を強く求めたようで、その後しばらくして「本願寺」という寺号を用いました。文書の中に初めて「本願寺」が使われたのは、一三二一年のことです。親鸞さんが亡くなって五十九年目です。

さて、唯善との留守職争いの中で、覚如は院という世俗の権力から安堵されるという手段を取りました。それが当時の権利保証のごく当たり前のことであったとしても、このことは親鸞さんの教えを聞く者としては、到底素通りすることのできない大きな出来事です。

安堵されたということは、覚如たちの側から、院や朝廷に対して奉仕する義務が生まれたということです。主従関係というほどの強いものではなくても、両者の間には密接な信頼関係が生まれたと言ってよいと思います。少なくとも、世俗権力に対して、それを擁護し支える側に立ったと言わねばなりません。そのことが、親鸞さんの立場とどれほど大きな隔たりがあるのか、しっかりと見定めねばなりません。いまさら言うまでもありませんが、専修念仏を弾圧し親鸞さんたちを流罪にしたのは、院であり朝廷でありました。

二　世俗との迎合、念仏の変質

■世俗との迎合

親鸞さんのひ孫にあたる覚如が、唯善との留守職争いに勝ち、大谷廟堂を寺院にしたのが本願寺でした。そしてその争いのために両者が取った手段が、時の権力者から自分の権利を保証してもらう（安堵）ということでした。言ってみれば、本願寺という寺は世俗の権力者から公認される形で成立したわけです。いや、もう少し正確に言いますと、世俗権力からの保証と公認を、頭を下げてお願いして求めたわけです。

本来念仏という教えは、アミダ仏の本願を拠り所にしています。それゆえ、本願とは正反対の世俗の価値観の誤謬性が見抜かれ、厳しく問われてくるものとしてありました。

●「仏の御名をもきき、念仏を申して久しくなりておはしまさんひとびとは、この世のあしきことをいとふしるし、この身のあしきことをばいとひすてんとおぼしめすしるしも候ふべしとこそおぼえ候へ」（親鸞さんのお手紙）

【意訳】

「アミダさまの名前を聞いて、念仏を称えるようになって長くなった人には、この世の中の悪いことを厭うしるしと、この自分自身の悪いことを厭い捨てようと思うしるしもあるのだとお考えください」

本願を拠り所として立つということは、この現実の人間社会と、そこに生きている自分自身の悪しき姿が照らしぬかれ、そのことが厭うべきものと認識させられることであると言います。厭うという言葉は、本来「いやだ、きらいだ、おかしいぞ」というような意味です。念仏によって厭われてくるものは、現実社会と自分自身です。嫌だと言って捨てることの出来ないものです。親鸞さんの言う「いとふ」とは、捨てることの出来ない自分と社会そのものの「あしきこと」が、アミダ仏から絶えず指摘され、つねに問われ続けるということに他なりません。そしてその悪しきことゆえに作り続ける苦悩を思うとき、本願に基づく新たな人間関係が模索されるわけです。

その問われるべき現実社会。人間の悪しきことの執行者としての世俗権力。今ここに至って、覚如はこともあろうにその「力」を頼りに、自らの社会的存在を確立しようとするのです。この両者の姿勢は決して同一ではなく、明らかに相反する方向を持ったものと言わねばなりません。そして当然のことながら、その両者が掲げる「念仏」というものは、大きくその質を異にするものと認識しなければなりません。

■本地垂迹の導入

親鸞さんの念仏と覚如の念仏との間には、二つの点において大きな違いがあります。一つは神祇に対する姿勢です。親鸞さんが普遍宗教たるアミダ仏の本願に立とうとしたとき、必然的に相対化されてきたのがこの国の民族宗教たる神祇（神道）でした。念仏に生きるということは、すなわち神祇を拝まないということでした。

それに対して覚如は、当時の常識的理解であった本地垂迹説にのっとり、神祇を受け入れていきます。

●「証誠殿の本地すなはちいまの教主なり。かるがゆゑに、とてもかくても衆生に結縁の志ふかきによりて、和光の垂迹を留めたまふ。垂迹を留むる本意、ただ結縁の群類をして願海に引入せんとなり」（『御伝鈔』下五段）

【意訳】

「熊野権現の本地（もとの姿）は、アミダ仏です。ですから、いずれにしろ衆生と縁を結びたいという志が深く、それゆえ光を和らげ関わりやすい神の姿となって現れてくださったのです。神となって現れたお心は、ただ一つ、ご縁のある人々をアミダ仏のご本願に引き入れるためなのです」

右の引用は、覚如が書いた『御伝鈔』（『本願寺聖人親鸞伝絵』）の下巻第五段の一節です。ある門徒が仕事で熊野権現へ行かねばならなくなり、どうしたものかと親鸞さんに尋ねたところ、引用文のように本地はアミダ仏なので行ってもさしつかえない、と答えたという内容です。これはこれまでにお話ししてきました、当時の日本社会での常識的理解となっていた本地垂迹説です。親鸞さんはすべての神祇を外道と見抜き、礼拝しないという姿勢を貫いていました。しかし本願寺は、その当初からその姿勢を捨て、本地垂迹説を導入しながら神への信仰を受け入れていったのです。

●「なかんづく我が朝はこれ神国なり、王城鎮守諸国擁衛の諸大明神、その本地を尋ぬれば、往古の如来法身の大士、異域の邪神にあい同じかるべからず」（『六要鈔』）

【意訳】
「とりわけ私たちの国は神国である。皇居を守り、諸国を守るもろもろの大明神は、その本地を尋ねると、昔からの仏や菩薩たちである。よその国の邪神と同じであるわけがない」

●「ソレ仏陀ハ神明ノ本地、神明ハ仏陀ノ垂迹ナリ」（『諸神本懐集』）

【意訳】
「仏は神の本地であり、神は仏の垂迹（方便として現れた姿）である」

右の二つは覚如の子の存覚が著した『六要鈔』の一節と、同じく『諸神本懐集』の一節です。

存覚は覚如とともに教学的に成立時の本願寺を支えた一人です。

ここでも本地垂迹という考え方にのっとって論じられています。とくに『六要鈔』は『教行信証』の解説本として書かれた書物ですが、これまでにお話してきた『教行信証化巻末』の解説文として、上記の「我が朝は神国」という文があります。親鸞さんが心血を注いで書き上げた書物が、およそ理解されることなく根底から覆されていることは、誠に残念至極です。

親鸞さんたちの専修念仏が弾圧を受けていった大きな理由の一つに、神祇を礼拝しないということがあったのは、すでにお話したところです。この国の古代からの政治的思想的基盤として、祭政一致がありました。この国のアイデンティティとも言うべき基盤を相対化し、受け入れないという姿勢は、到底権力の許すところではなかったのです。裏返して言えば、この国で社会の価値観に同化し、権力に従属して生きようとするならば、親鸞さんの神祇不拝は、まっ先に捨てねばならない教えの根幹であったのです。

■念仏の変質

以前、勉強会でこんな質問がありました。覚如は曾じいちゃんである親鸞さんの念仏が理解できなかったのか、と。または、親鸞さんを裏切ったのか、という疑問も出されました。

覚如が留守職に就任したとき、すでに親鸞さんからは五十年ほどの時間が過ぎています。覚如は親鸞さんとは面識がありません。覚如の師は如信です。師と言っても、直接教えを聞いたのは一度または数度だけのようです。如信は親鸞さんから直接教えを聞いています。如信には書き残した書物がないようで、どのような理解をしていたのか明らかではありません。しかし覚如が『口伝鈔』や『改邪鈔』に、親鸞さんから如信に伝えられたものを記すという旨を書いています。ですので、それらの内容に近いものだと思えます。如信は長年親鸞さんから教えを聞いたようですが、だからといって親鸞さんと同じ理解であったとは限りません。また覚如は唯円からも教えを聞いています。『歎異抄』の著者とされる唯円は、晩年の親鸞さんから直接教えを聞いたと言われます。しかしながら、『歎異抄』に見られる念仏理解は、親鸞さんのそれとは大きく異なり、覚如以降の本願寺の理解に近いものです。直接に教えを聞いた者でさえ、親鸞さんの念仏を受け止めることは難しかったようです。当時の常識的仏教理解からすれば、親鸞さんの念仏は非常に特異なものだったと言えます。思えば、関東での二十年に渡る伝道活動で、それなりに理解され定着したかに見えた念仏が、親鸞さんが関東を離れて二十年ほどで崩れていきました。中には性信のように、親鸞さんから大きな信頼を得ていた者もありましたが、善鸞の言説で浮き足立つ類の者が多かったようです。それほどに、親鸞さんの念仏が本当に理解され受け入れられるということは、難しいことだったのだろうと思います。

そう考えると、親鸞さん亡き後、念仏の教えはまたたくまに崩れ始めたと考えたほうが自然なのかもしれません。五十年ほどの時間を経た覚如の時代。すでに親鸞さんの念仏は、その本質を留めてはいなかったのでしょう。覚如が一気に変化を起こしたということではもちろんなく、すでに念仏は「そのようなもの」として存在するのみだったと考えるべきです。

こうやって、世間の神祇信仰を受け入れることによって、世間の価値観、とりわけ朝廷を初めとして各地域の権力者との摩擦を避け、新たな仏教組織として公認され存続しようとしたわけです。この本願寺の姿勢は、その後も基本的に変わることはなく、今日に至っています。それは親鸞さんが「十方衆生を利益したい」というアミダ仏の本願に立ち、社会の底辺で圧迫を受けながらも必死に生きようとしていた民衆に寄り添った姿から、踵を返して権力者と世間に迎合し、自らの社会的地位を確立存続する姿に変ったということに他なりません。

三　王法と仏法

■王法と仏法

親鸞さんの神祇不拝という立場を捨てたことと並んで、もう一つ大きな変化がありました。神祇不拝の放棄と一つものと言ってもよいものです。それは念仏の信心というものを、心の内側だけのものにしたことです。そして現実の社会生活の規範を、世俗権力の価値観に置いたことです。後に真俗二諦《しんぞくにたい》と呼ばれる念仏理解の始まりです。

●「それ出世の法においては五戒と称し、世法にありては五常となづくる仁・義・礼・智・信をまもりて、内心には他力の不思議をたもつべきよし、師資相承したてまつるところなり。しかるにいま風聞するところの異様の儀においては、『世間法をばわすれて仏法の義ばかりをさきとすべし』と云々。これによりて世法を放呵するすがたとおぼしくて、裳無衣を着し黒袈裟

をもちゐるか、はなはだしかるべからず」（覚如『改邪鈔』三）

【意訳】

「出世の法では五戒と言い、世法では五常と名づけている仁義礼智信を守って、内心には他力の本願不思議の教えを保つべきであるということは、師から代々伝えられているところである。ところが今風聞する異様な格好をする者たちにおいては、『世間の法を忘れて仏法のことばかりを優先している』と言うことだ。これで世間の法を放棄して守らない姿になると思って、裳《も》無衣《なしごろも》（したばかまの付いていない衣）を着て黒い袈裟を使うのだろうか。まったくとんでもないことだ」

これは覚如が著した『改邪鈔』の一節です。親鸞さんの流れを汲むと言いながら、勝手に間違ったことを言ったり行ったりしている者がいるので、それを正すために書いたと、この書の奥書にあります。「三代伝持《さんだいでんじ》の血脈《けちみゃく》」をキャッチコピーとして登場した覚如です。三代伝持の血脈とは、法然↓親鸞↓如信と三代にわたり伝えられた念仏の教えを、今度はこの自分が引き継ぐということです。つまり法然以降の専修念仏の正統な後継者が自分であるということです。ですからこの書では、二十か条をあげて、これこれは親鸞さんの教えとは違うという批判を行い、念仏を称える者は自分が主宰する本願寺に帰一するよう訴えているわけです。

右に取り上げた一節は、変わった格好をして仏教者だからと言って世間の法を無視する者たちを批判する部分です。この中で覚如は、自分自身の念仏理解を記しています。それは、念仏に生きるということは、仁義礼智信という儒教道徳を守り、内心に他力念仏を保つことだというのです。儒教は古くから日本に入り、仁義礼智信の五常と、父子・君臣・夫婦・長幼・朋友の五倫を教え、身分など上下関係の秩序を尊ぶ思想です。つまり当時の世俗の道徳、社会的価値観であったわけです。念仏を称える者として生きるということは、社会的にはそのような価値観を遵守すべきであると。そして他力の念仏は「内心にたもつ」ものだと言います。内心に保つというのは、どういうことなのでしょうか。

●「仏法・王法は一双の法なり、とりのふたつのつばさのごとし、くるまのふたつの輪のごとし、ひとつもかけてては不可なり。…このゆへに生々にうけし六道の生よりは、このたびの人身はもともよろこばしく、世々にかうぶりし国王の恩よりは、このところの皇恩はことにをもし、世間につけ出世につけ、恩をあふぎ徳をあふぐ、いかでか王法を忽緒したてまつるべきや。いかにいはんや専修念仏の行者、在々所々にして一渧をのみ、一食をうくるにいたるまで、惣じては公家関東の恩化なりと信じ、別しては領主地頭の恩致なりとしる」（存覚『破邪顕正抄』）

【意訳】

「仏法と王法とは一双（二つで一つ）の法である。鳥の二つの羽と同じ、車の二つの輪と同じだ。一つも欠けては成り立たない。…ゆえにこれまで生まれ変わりしてきた六道の命よりは、このたびの人間の命はもっとも喜ばしく、これまでに受けてきた国王の恩よりは、今の天皇の御恩が一番重い。世間の者も出家の者もその恩を仰ぎ、徳を仰ぐ。どうして軽んじていいことがあろうか。ましてや専修念仏の行者は、それぞれの在所で一滴を飲み、一食を食べるに至るまで、すべては朝廷と幕府のご恩だと信じ、とりわけ領主地頭のご恩であると知る」

これは存覚の『破邪顕正抄』の一節です。ここでは仏法と王法《おうぼう》という言葉で述べられています。この言葉は『平家物語』や『愚管抄』にもあるようで、当時一般的に使われていたもののようです。この仏教の上での真実である仏法に対して、世俗における法や慣習を王法と呼んだようです。この『破邪顕正抄』では、「皇恩、公家関東、領主地頭」などという言葉が出てきて、王法とは具体的には朝廷や鎌倉幕府、さらには在地権力としての領主地頭まで、世俗権力者による統治の規範、価値観を指す言葉として使われています。つまり現実の社会生活は「一滴、一食」に至るまで朝廷や幕府のご恩であるので、現実の世俗権力による統治の規範・価値観を、自分の生きる拠り所とせよ、と言っているのです。そして同時に、それと一双のものとして念仏があり、それは「内心」に保てと。ということは、念仏というものは「内心」における規範・価値観・拠り所ということになります。「内心」とは何でしょうか。現実の社会生活と切り離して考えられるものなのでしょうか。

先ほども述べましたが、このような考え方は当時の社会では一般的だったのかもしれません。しかし、親鸞さんの念仏を学んできた私たちにとって、これは水と油とでも言うべき百八十度逆転した理解としか思えません。

親鸞さんの念仏は、アミダ仏の本願と出会うところから、私たち人間の現実が照らし抜かれ、問題が明らかにされてくることでした。つまり親鸞さんにとっての念仏は、「内心」に保つものではなく、自分自身の内面が厳しく問われると同時に、その人間の愚かさの具現としての現実社会が、同様に厳しく問われてくることであったはずです。

四　煩悩をゆるす念仏

■煩悩をゆるす念仏

この「内心に保つ念仏」というものがどういうものであるのかは、覚如の『口伝鈔』や『改邪鈔』に明らかです。ここには当然のことながら、親鸞さんの言う「この世のあしきことをいとふ」という姿勢は皆無です。親鸞さんの念仏を学ぶ上でのとても重要な言葉である「いとふ」は、本願寺の念仏理解においてはまったく影を潜めてしまいます。念仏は内心における拠り所であり、現実社会における拠り所は王法だというわけですから、「この世のあしきこと」が問題になるはずはありません。

では「この身のあしきこと」、すなわち自分自身の煩悩という悪しきことは問われたのでしょうか。

●「往生の一大事をば如来にまかせたてまつり、今生の身のふるまひ、心のむけやう、口にいふこと、貪・瞋・痴の三毒を根として、殺生等の十悪、穢身のあらんほどはたちがたく、伏しがたきによりて、これをはなるることあるべからざれば、なかなか愚かにつたなげなる煩悩成就の凡夫にて、ただありにかざるところなきすがたにてはんべらんこそ、浄土真宗の本願の正機たるべけれと、まさしく仰せありき」（覚如『口伝鈔』）

【意訳】

「浄土往生という一大事はアミダ如来に任せて、この世での身の振る舞い、心の向けよう、口に言うこと、貪欲・瞋恚・愚痴の三毒を心の根に持って、殺生などの十悪など、穢身（汚れた身）のあるだけは絶ちがたく押さえられず、これを離れることが出来ないので、かえってむしろ、愚かな拙い煩悩を持った凡夫として、ただありのままに飾らない姿でいることが、浄土真宗の本願の救いの目当てであると、確かに教えられた」

ここで言われていることは、煩悩というものは離れることが出来ないものなので、その愚かな姿のまま飾らずにありのままでいることが、本願に適うことなのだということです。これは親鸞さんが消息の中で、「ゆるす」という言葉で説いている間違った念仏理解の「造悪無碍（悪いことを行っても往生に障りがない）」そのものです。

●「煩悩具足の身なればとて、こころにまかせて、身にもすまじきことをもゆるし、口にもいふまじきことをもゆるし、こころにもおもふまじきことをもゆるして、いかにもこころのままにてあるべしと申しあうて候ふらんこそ、かへすがへす不便におぼえ候へ」（親鸞さんのお手紙）

【意訳】
「自分は煩悩だらけの人間だからと言って、心にまかせて、身体でしてはならないことをも許し、口に言ってはならないことをも許し、心に思ってはならないことをも許して、どのようにでも自分の心のままにすればよいと言っている人がいるのは、重ねがさね残念で心が痛みます」

この言葉の後に続けて親鸞さんは、先ほどの念仏申すということはこの世の悪しきことを厭うということであり、この身の悪しきことを厭うということであると書いておられます。

今、覚如が示している念仏理解は、親鸞さんが関東の門徒たちに書き送った、この「間違った念仏理解」そのものであると言わねばなりません。これはすでに『歎異抄』にも見られる理解です。

●「されば善きことも悪しきことも業報にさしまかせて、ひとへに本願をたのみまゐらすればこそ他力にては候へ」（『歎異抄』十三）

【意訳】
「ですから善いことも悪いことも、過去生からの業の報いにまかせて、ただひとえに本願を頼めばこそ他力なのです」

●「すべてよろづのことにつけて、往生にはかしこきおもひを具せずして、ただほれぼれと弥陀の御恩の深重なること、つねはおもひいだしまゐらすべし。しかれば念仏も申され候ふ」（『歎異抄』十六）

【意訳】
「すべてのことについて、浄土へ往生させていただくということは、こざかしい考えを持たずに、ただうっとりと、アミダ仏のご恩の深く重いことをいつも思い出すことです。そうすればお念仏も申されるでしょう」

これらに見られる理解と同じです。

人間の煩悩という本能的な愚かさは、まことに現実的なものでしかありません。それがどれほどの悪を犯し、どれほどの罪を作るのか。私が抱くその愚かさが、具体的にいつどこで誰に対してどのような傷を負わせ、どのように苦しめたのか。その私の本性が痛みを伴って問われることが、煩悩を自覚するということであるわけです。そうであるがゆえに、その現実を悲しみ厭うということが生まれるのです。そのようなこともなしに、単なる観念的な「愚かさ、煩悩成就」という思い込みだけで終わっています。「どうにもならないことなのだから、そのままでいいのだ。現実のまま、ありのままで…」と。「ただほれぼれと」喜ばせてもらいましょう、という落ちです。それが次のような親鸞さんの理解とは、大きな隔たりがあることを知らねばなりません。

●「もとこそ、こころのままにてあしきことをおもひ、あしきことをもふるまひなんどせしかども、いはまさやうのこころをすてんとおぼしめしあはせたまはばこそ、世をいとふしるしにても候はめ」（親鸞さんのお手紙）

【意訳】

「元々は、心のおもむくままに悪いことを思ったり、悪いことを行ったりしていましたけれども、

（アミダ仏の願いを聞くようになった）今は、そのような心を捨てようとお互いに思うようになることが、この現実の世を問題にしていく姿であるのです」

五　死後の楽園

■死後の楽園

煩悩の本質を問えない念仏理解は、そのまま単純に、「だからアミダ仏のお目当てなのだ」という「救い」につながります。そしてその「救い」の中身は何かというと、死後の楽園へ間違いなく往けるという安心感でした。

●「覚信房答へまうされていはく、『よろこびすでに近づけり、存ぜんこと一瞬に迫る。刹那のあひだたりといふとも、息のかよはんほどは往生の大益を得たる仏恩を報謝せずんばあるべからずと存ずるについて、かくのごとく報謝のために称名つかまつるものなり』と云々。…平生に善知識のをしへをうけて信心開発するきざみ、正定聚の位に住すとたのみなん機は、ふたたび臨終の時分に往益をまつべきにあらず。そののちの称名は、仏恩報謝の他力催促の大行たるべき条、文にありて顕然なり」（覚如『口伝鈔』）

【意訳】

「覚信房が答えて言うには、『喜びが今まさに近づきました。生きていることがあと一瞬に迫りました。この刹那の間であっても、息のかよう間は往生の大きな利益を得た仏恩に感謝せずにはおれないと思いまして、このように報謝のお念仏を称えているのです』と。…日ごろから善知識の教えを受けて信心を開いた者、正定聚の位に住することを頼んでおられる人は、もう一度臨終のときに浄土往生の利益を待つのではありません。その後の称名は、仏恩報謝のアミダ仏からの催促の大行であるということ、書物にあって明らかなことです」

親鸞さんが覚信房という弟子の臨終に訪ねてみると、息も辛そうで今にも死にそうな状況なのに、一生懸命間も空けずに念仏を称えていたといいます。それで親鸞さんが、どういう思いで念仏をしているのか聞いたというのです。そのときの覚信房の答えです。間違いなく浄土に往生するという大きな利益を得たご恩に、息のある限りは報謝の念仏をしなければ、というのです。それにつけて覚如がこう書いています。信心を開いた者は、臨終に際してもう一度往生を願う必要はない。信心を開いた後の念仏は、仏恩報謝の念仏であり、アミダ仏からの催促で行う大行なのだと。

これは一例に過ぎませんが、念仏にしろ信心にしろ、何のために必要なのかと言うと、死んだ後に間違いなく浄土へ行くためだ、という話になります。自力の行で往生しようとする者は臨終の念仏が大事だけれど、どんな状況で死ぬか分からない。臨終に念仏が出来ないと往生できるのか心配になる。その点、他力念仏は平生に信心決定しているから、どんな死に方をしても往生は間違いない。安心だ。そんな話です。

これも先ほどと同様に、すでに『歎異抄』に見られる念仏理解と同様です。

●「そのゆゑは、弥陀の光明に照らされまゐらするゆゑに、一念発起するとき金剛の信心をたまはりぬれば、すでに定聚の位にをさめしめたまひて、命終すれば、もろもろの煩悩・悪障を転じて、無生忍をさとらしめたまふなり。この悲願ましまさずは、かかるあさましき罪人、いかでか生死を解脱すべきとおもひて、一生のあひだ申すところの念仏は、みなことごとく如来大悲の恩を報じ、徳を謝すとおもふべきなり。…罪を滅せんとおもはんは、自力のこころにし

て、臨終正念といのるひとの本意なれば、他力の信心なきにて候なり」（『歎異抄』十四）

【意訳】

「そのわけは、アミダ仏の光明に照らされることによって、一度それを受け止める心が起こるとき、揺るぐことのない信心をいただくので、すでに正定聚の位に定められ、命終われば、あらゆる煩悩や悪障が転じられて、真実の悟りを開かせていただくのだ。この悲願がなかったならば、このような浅ましい罪人は、どのように生死を解脱できるのかと思って、一生の間に称える念仏は、みなすべて阿弥陀如来の大悲の恩を報じ、徳を謝するためのものと思うべきである。…罪を消そうと思うのは、自力の心であって、臨終に念仏を称えて往生しようと祈る人の気持ちであり、他力の信心がない姿である」

この『歎異抄』の文は、念仏は罪を消すためのものではなく、罪の重さを知らせるものだという内容です。死に際に念仏称えて罪を滅し、それによって往生しようというのは間違いだ、と言います。では、罪の重さを知らされたらどうなるのでしょうか。親鸞さんの場合ですとここで、「この世の悪しきことをいとひ、この身の悪しきことをいとふ」ということが出てくるわけです。先にお話した「今はさやうのこころを捨てんとおぼしめしあはせたまふ」という姿勢が、生き方が、生まれてくるのです。しかしここには、それはありません。そのような罪深い自分を救いたいというのがアミダ仏の悲願であり、それを受け止めた時に信心が与えられ、それによって「命終すれば、もろもろの煩悩・悪障を転じて、無生忍をさとる」のだという話までいきなり行ってしまいます。

「罪を消すため」の念仏ではないと強調しますが、では何のための念仏なのかというと、「生死解脱」であり、その中身はというと、「命終して悟る」というのです。「罪」とはどういう現実なのか。「生死」とはどういう具体的な悲しさ愚かさなのか。そのへんが見えてきません。煩悩の具体的な中身が問われないまま、本願が語られ、浄土が語られ、念仏が語られ、正定聚が語られ、信心が語られていきます。そして「如来大悲の恩を報じ、徳を謝す」るのです。

親鸞さんは、アミダ仏の本願によって人間の愚かさ悲しさを徹底して見抜かれ、そのことによって、人間の苦悩がどこから生まれていたのかを痛々しい思いで知らされていきました。その離すことの出来ない煩悩がアミダ仏から問われ続け、十方衆生と共に生きることを願われ続ける。アミダ仏の願いどおりにひとつも動こうとしない自分の現実に直面しながら、アミダ仏に支えられ、励まされ、導かれ続けていかれた親鸞さんでした。そこでの浄土は死後の楽園ではなく、自分と自分が生きる現実社会を照射し、人間が生きる真実の拠り所として、今ここに働いている大きな世界でした。そのアミダ仏と出会えたからこそ、「如来大悲の恩徳は身を粉にしても報ずべし」と言わずにはおれなかったのでしょう。

■本願寺の念仏理解として今日まで

アミダ仏の本願を己の生きる上での拠り所と仰ぐ親鸞さんの念仏は、おのずと自分自身の悲しき現実への「痛み」として受け止められ、その現実をどうするのかという「問い」として親鸞さんを動かしていきました。それはまた当然ながら、自分とつながりあう十方衆生のあり方、すなわち現実の人間社会を問うことでもありました。それは「身を粉にしても、骨を砕いても」背負わねばならない責任として、親鸞さんは厳しく受け止めておられました。

今見てきたように、本願寺の成立時における念仏は、親鸞さんのそれとは大きく離れていました。人間と、その人間による社会の、愚かさ悲しさが「痛み」として受け止められず、所詮煩悩だらけの心であり、「どうにもならない当然の姿」としてゆるしていくことに陥りました。

現実を「問う」ということはなくなり、「問う」ことはむしろ反対にこざかしい自力の姿だとして排除しました。現実の愚かしい己の姿をそのまま許し、また力による支配関係で成り立つ現実の社会をそのまま認め、かつそれに乗っかることで自らの立場を存続させようとしました。そのようなあり方が、アミダ仏の救いの対象であると言い、必ず命終わるときに浄土に往生して仏になると聞いて安心する。あとは「ただほれぼれと」喜ばせてもらって、報謝の念仏を称えると。「報謝」とは何をすることなのかと言えば、念仏を口に称えることでしかありません。親鸞さんは現生十種益（『教行信証』で説かれた念仏者の利益）で、知恩報徳益（アミダ仏の恩を知り徳に報いようという心が生まれる利益）を言い、その中身としてあるのが常行大悲益（アミダ仏の大慈悲心をあおいで生きる利益）であり入正定聚益（必ず仏になる身になる利益）であると説いています。アミダ仏への報謝とは、アミダ仏の心（大悲心、本願）を私の生きる拠り所とあおいで、私がこの現実社会で生きることです。「痛み」を感じ、現実を「問う」営みです。そのような「生きる姿勢」が信心であり、だからこそ正定聚に入った姿だと言うわけです。

現実を生きる拠り所を王法（権力支配における価値観）に置き、摩擦を生まずに楽に生きる。

自分の心の現実は「仏法」によって許され、死後の楽園が約束される。あとはその安心とうれしさで楽に生きる。以前ある若い住職から、「お念仏は楽になることではないのですか?」と聞かれました。『教行信証』に引用された「楽に三種あり」という言葉で言えば、今ここにある「楽」はまぎれもなく、欲望が満足された時の「外楽」に他なりません。煩悩の楽です。

実はこの時の念仏理解が、そのまま本願寺における念仏理解の伝統として今日まで続いているのです。そしてその本願寺を通して親鸞さんが語られるという、実に悲しい現実があるのです。

第三章　蓮如の「念仏」と神祇信仰

一　蓮如の時代と生涯

■本願寺中興の祖

蓮如は当時寂れていた本願寺を一気に大きくしたという意味で、「中興の祖」などと呼ばれたりします。私の住んでいる北陸では「蓮如さん」と親しく呼ばれ、親鸞さんは知らなくても蓮如は知っているという人もいます。本願寺教団としても、親鸞さんと同等の重さでその存在が語られます。

親鸞さんの念仏を受け継ぎ、それを広め、現在の私たちにまで届けてくれたお方。そのような受け止め方が、本願寺教団においては当たり前になっています。それは裏返して言えば、本願寺教団によって語られている親鸞さんの念仏は、蓮如というフィルターを通した「念仏」になっているということです。はたして親鸞さんの念仏と蓮如の「念仏」は同一のものなのでしょうか。歴史上における蓮如の存在はとても大きく、その影響は計り知れないと言うべきです。

今、私たちが「親鸞さんはなぜ、神を拝まなかったのか」ということを考えようとするとき、この蓮如の「念仏」を明らかにしておくということが、とても重要になります。それは、神祇不拝に立つところから生まれた親鸞さんの思想や行動の、まさしく裏返しの状況を蓮如に見ることが出来るからです。人間社会の中で、人間の本能的欲望を問うことが出来ない宗教を拠り所に生きるとき、その結果としてどのような思想や行動が生まれてくるのか。蓮如を通して浮き彫りにされるこの事柄は、実はそのまま今日の私たちの社会状況にも直結していることであるのです。

■蓮如の生涯

初めに八十五年に及ぶ蓮如の生涯について眺めておきます。年表を掲載します。

本願寺の歴代表記は、覚如が採用した数え方、すなわち親鸞さんを一代目、如信を二代目、覚如を三代目とするものを使います。

一四一五年　〇歳　誕生。父は存如（本願寺七代）、母は存如の母に給仕した女性。
一四二〇年　六歳　存如が本妻を迎えるにあたり、生母は本願寺を退出、行方知れず。
この頃の本願寺は不振の極。青蓮院の末寺として存続。――A
一四三一年　十七歳　得度。
この頃、学問に励み、多くの聖教を書写。
一四四七年　三十三歳　存如とともに関東を訪ねる。
一四四九年　三十五歳　存如と北陸へ布教。
一四五七年　四十三歳　存如死去。本願寺八代を継承。
延暦寺から圧力。上納金拒否。――B
一四六四年　五十歳　第八子実如（本願寺九代）誕生。――C
一四六五年　五十一歳　延暦寺、本願寺を仏敵と。大谷本願寺を破却。宗祖像を持って近江を転々とする。
一四六七年　五十三歳　延暦寺と和解。末寺として末寺銭を。

一四七一年　五十七歳　吉崎へ。吉崎御坊を建立。次第に寺内町へ発展。――D
一四七四年　六十歳　加賀での戦争。（富樫政親＋本願寺門徒）×（富樫幸千代＋専修寺門徒）。政親側の勝ち。――E
一四七五年　六十一歳　加賀門徒、富樫政親と戦う。蓮如、吉崎を退去。下間蓮崇を破門。――F
一四七八年　六十四歳　山科に坊舎の造営を始める。――G
一四八八年　七十四歳　加賀門徒、富樫政親を攻め、自殺に追い込む（加賀一向一揆）。蓮如、乱暴をいさめる。
一四八九年　七十五歳　寺務を実如に譲り隠居。
一四九六年　八十二歳　大坂石山御坊（後の石山本願寺）建立。
一四九九年　八十五歳　死去。

時代は室町時代となり、京都に置かれた幕府と地方権力者である守護大名によって統治されていました。守護大名の中には次第に力を大きくして、のちの戦国大名へ発展するものもありました。この時代を表す言葉として「下克上《げこくじょう》」があります。下にいた者が力を蓄えることによって上にいる者を倒し、上下関係を覆すことです。日常的に政治的軍事的争いが起こり、次第に戦国時代へと入っていきます。蓮如が生きたのはまさにこういう時代でした。そしてその時代の中で巧みに存分に活躍し、堂々たる存在感を示したと言ってよいと思います。

右の年表につけたA～Gの符号に関して、少し説明をいたします。

A▼蓮如が誕生したころの本願寺は、とても衰えた状況であったと言います。それに比べて真宗他派である仏光寺や高田専修寺などは、名帳、絵系図などの現世利益的手段でにぎわっていたようです。名帳《みょうちょう》というのは、教えを伝えられた師弟関係を記した帳面で、その中に記載されることで浄土往生間違いなしというものでした。また絵系図は、名帳に肖像画が加えられたものです。本願寺は覚如の時からこれらを真宗ではないと否定してきました。蓮如もまたそれを批判しました。

B▼当時本願寺は青蓮院の末寺であり、青蓮院の本寺は延暦寺です。しかし蓮如は真宗の立場で延暦寺とは一線を引いていました。また蓮如によって次第に本願寺の教線が拡大し、特に近江地方における真宗門徒の広がりは延暦寺の足元を脅かしたようです。

C▼蓮如は、生涯に五人の妻と二十七人の子をもちました。

D▼北陸はそれまで高田（専修寺）門徒が多かったようです。吉崎は本願寺と親戚関係にあった興福寺大乗院の所領であり、新しい居場所を求めた蓮如に譲られたようです。吉崎は加賀と越前の境にあり、政治的にも要所でした。地図をご覧いただければ一目瞭然ですが、吉崎の坊舎跡は西側と北側がそれぞれ北潟湖と大聖寺川に挟まれ、東南は山です。吉崎御坊は地元では「お山」と呼ばれる小高い山の上にありました。これは山城としての絶好の地形です。山科本願寺が平城《ひらじろ》の先駆的例として取り上げられますが、吉崎は平城の技術が出来る前の時代の山城の一例として考えてよいと思います。平城は堀と土塁で囲ったわけですが、吉崎は天然の巨大な堀と土塁に囲まれていたと言えます。交通の便としては舟が必要な不便な場所です。もし単純に門徒衆が集いやすい場所を考えるのなら、こんな所は選ばなかったはずです。明らかに軍事的攻防にとっての最適の地形という認識があったのでしょう。ついでに言うと、同じく蓮如が創建した高岡伏木の勝興寺には堀と土塁があり、また勝興寺と並んで越中一向一揆の中心になった井波の瑞泉寺には、蓮如時代に築かれたという巨大な石塀の一部が今も残されています。

E▼富樫政親と富樫幸千代の兄弟の争いでした。政親が蓮如に支援を依頼したようです。高田専修寺門徒が幸千代と組んだのを知って、蓮如はこの政親の依頼を受けたといいます。

F▼本願寺門徒の勢いを恐れた政親が、本願寺門徒の弾圧を始めました。このときに蓮如の右腕であった下間蓮崇が蜂起を主張したとも言われ、そのために事態が悪化して蓮如が吉崎を出ることになったとも言われています。十三年ほど後、門徒勢はついに政親を追い詰め、加賀の統治は本願寺側（蓮如の三人の息子）の手に移りました。この時に蓮如が、加賀の門徒衆の「乱暴を制」した書状があるそうです。

G▼山科本願寺です。この年から六年かけて完成しました。この広大な寺領は、堀をめぐらし土塁を築いた平城の形態をしていました。今もその一部が残っています。この後さらに大坂にも坊舎を建て、臨終は山科で迎えました。

■伝道活動と門徒の拡大

先ほどもお話ししましたように、蓮如が生まれ育ったころの本願寺は、たいそう寂れていたようです。その状況から脱して、本願寺の教えに集まる門徒衆を拡大することが、蓮如の生涯の目標になったのだろうと思います。そのためにとられた手法は巧みなものがあり、今でも寺院の活性化を考えるときのモデルにされることもあるようです。

【御文章／御文】

本願寺派では「御文章《ごぶんしょう》」といい、大谷派では「御文《おふみ》」と呼んでいますが、蓮如が門徒衆に宛てた手紙です。吉崎時代以降ひんぱんに出されています。この中で、念仏の教えを簡潔に記し、また具体的な箇条書きの「掟《おきて》」として、門徒として守るべき事柄を伝達しているのも特徴的です。おそらくこれらが書き写されるなどして、次の講などで読み上げられ、大勢の者に一気に広まったのだろうと思われます。

【講】

蓮如が推進した組織作りです。村々などで人々が集まり、そこで教えが伝えられ、また語り合う場として作られました。

●「三人まず法義になしたきものがある、と仰せられ候。その三人とは坊主と年寄りと長と此三人さへ在所々々にして仏法のもとづき候はば、余の末々の人はみな法義なり、仏法繁盛であろうずるよ」（「栄玄記」）

【意訳】

「最初に門徒にしたい者が三人いる、とおっしゃられた。その三人とは、坊主（宗教的な指導者）と年寄りと長（どちらも村の指導者）である。この三人さえそれぞれの村で門徒になれば、他の者もすべて門徒になり、仏法が繁盛するだろう」

村の中での力関係を巧みに利用して、合理的に教線を拡大しようとする姿勢があったようです。実際それは功を奏して、村ぐるみで門徒化していくこともあったようです。また村の中に道場が作られ、毎月定例日に寄合をひらき、談合をするという風習が生まれていきました。

【名号本尊の下付】

また六字名号などの本尊を、各地の道場や講へ下付することによって、本願寺から認可された存在として意味付けすることも盛んに行われました。一日に数百枚書いたこともあったと言います。これらによって、本願寺門徒であることを強く自覚する者が次々と生まれたようです。

【「正信偈和讃」の開版】

『教行信証』の中の「正信念仏偈」と『浄土和讃』『高僧和讃』『正像末和讃』をひとつに組

み合わせ、門徒が称えやすい形に編集しました。それを開版することで、一気に普及することになりました。法座や仏事などに門徒が参加しやすいことになり、これもまた門徒の拡大には大きな役割を果たしたと思われます。

このようなさまざまな手段により、寂れきっていた本願寺は文字通り爆発的に大きくなり、蓮如の目標は見事に達成したわけです。

二　蓮如と一向一揆

■一向一揆と本願寺

蓮如が一向一揆という戦争にどのように関わったのかについて、また一向一揆そのものについても、いろいろな論評があるようです。今ここでは、歴史的な事実を示して、少しだけ感想を述べてみたいと思います。

▼吉崎への群集

越前の吉崎に坊舎を建て活動を始めてから、蓮如自身が驚くほどの大勢の人たちが集まってきました。一つには今お話しましたように、蓮如によるさまざまな方法での伝道活動が実を結んだということでしょう。そしてその教えの中身のシンプルさも、爆発的に普及する大きな要素であったと思います。今でも本願寺では、「信心正因、称名報恩」が決まり文句として使われています。浄土へ生まれるための正しい因は信心一つである。そしてそれが決まればその後はひたすら念仏を称えて仏恩に感謝する、という意味です。詳しいことはあとでお話します。『御文章』を見てもそれの繰り返しです。難しいことは説かれません。どんな悪い人間もアミダ仏によって救われる。そのことをしっかりと「疑わず思い込む」ことと、口に念仏を称えることだけ。これなら誰でも受け入れやすかったに違いありません。おそらくその教えによって、楽になる人が大勢いたということでしょう。いや楽になりたい人なのかもしれません。蓮如自身が、集まってくる人たちの姿を「自分は分かったような顔をして」とか「ただ人の真似ばかりやっているようで」、「これでは往生極楽も大丈夫かと心配だ」と言っている通りです。

いずれにしろ、「そのきこえかくれなし」（うわさが広く知れわたっている）ということで、「加賀・越中・能登・越後・信濃・出羽・奥州……」遠近各地から集まってきたようです。人が大勢集まれば、宿泊所を初めさまざまな施設や商売が次々に付随してきて、寺内町という町の形態にまでなったようです。そうなりますと、既存の勢力から目を付けられ、反感を買うのは世の常です。北陸には白山信仰があり、平泉寺もありました。それらからさまざまなクレームが出たのだろうと思われます。蓮如はその摩擦を避けるために頻繁に「掟」を出して注意を喚起します。「一、諸法・諸宗ともにこれを誹謗すべからず。一、諸神・諸仏・菩薩をかろしむべからず」という類のものです。そして自分が念仏を称える者であることを、他人に現してはならないと教えました。

▼世俗の一勢力として

吉崎に来る前の話ですが、大谷本願寺が延暦寺に破壊された後、蓮如は近江を転々としています。近江ではかなりの規模で、とてもしっかりした本願寺門徒の集団が形成されていたようです。しかしながら近江は延暦寺の足元でもあり、両者は常ににらみ合う状況でした。近江門徒は蓮如を守りながら、比叡山との抗争を続けていました。この時点ですでに、延暦寺と向き合えるだけの力を、本願寺門徒が持っていたということです。

そして今度は吉崎で、爆発的な門徒集団が形成されてくるわけです。こうなりますと周辺の権力者たちは見過ごすことができません。叩きつぶすか、それとも味方に付けるか。ここで加賀の富樫政親が蓮如に接近してきました。『本願寺年表』（本願寺派発行）には、一四七四（文明六）年七月二十六日「加賀の宗徒、富樫政親と共に専修寺門徒と連合の弟幸千代と戦う」とあります。結果は政親と本願寺側が勝ちます。ところがその争いで本願寺門徒の力を見せつけられた政親が、それを脅威に思い、つぶしてしまおうとするのです。同年表には、一四七五（文明七）年三月二十八日「加賀の宗徒、富樫政親と戦う」とあります。一四八八年には政親を追い詰め自害させてしまいます。

▼争いに対する本願寺の対応

『本願寺年表』一四七三（文明五）十月「蓮如、越前吉崎へ出張の牢人の対策を多屋衆に示す」とあります。「出張り《でば》」というのは、戦いのために他の場所へ出向くことです。「牢人《ろうにん》」は主の元を自ら去ったり、失ったりした武士のことでした。「多屋《たや》」は、吉崎に置かれた寺院の宿坊です。

牢人が大勢吉崎近辺に集まってきていて、その対策を多屋の僧侶たちと相談したということのようです。『蓮如上人遺文』から一部を書き出しますと。

●「右斯両三年之間、於之当山占居于今令堪忍根元者、更不本名聞利養不事栄花栄耀、只所願為往生極楽之計也。…就出張牢人之儀自諸方種々雑説申之條、言語道断迷惑次第也。…於其在所、別而無其要害時者、一切諸魔鬼神令得其便故、深構要害者也。…然上者、為仏法不可惜一命可合戦之由、兼日諸人一同令評定之宗儀而已矣。

文明第五年十月日　　　　多屋衆　」

【意訳】

「この三年の間、当山において住み、今まで耐え忍んできたのは、さらに名聞や利養のためではなく、栄華栄耀のためでもない。ただ願うところは、往生極楽のためだけであった。…牢人たちが戦のためにやってきていることについて様々な雑説を言われるのは、言語道断とても迷惑なことである。…この在所においてもしも要害がなければ、一切の諸魔鬼神に（攻め入る）便宜を与えてしまうので、深く要害を構えるのである。…そうであるので、仏法のためには一命を惜しまず戦いを交えることを、先日皆が一同に相談し決めたのだ。

文明五年十月　日　　多屋衆　」

これは「多屋衆決議文」と呼ばれている文書で、漢文で書かれています。これについて本願寺派の浄土真宗教学研究所が編纂した「蓮如上人の生涯と事跡」（福間光超　金龍静　著）には、次のように書かれています。

●「この多屋衆決議文は、御文章と同様な扱いがなされており事実、文面に上人自身の言葉と思われる箇所がみうけられるので、おそらく上人が多屋衆の意志をふまえて作成されたものと推測されています」

つまり、蓮如が多屋衆と相談し、仏法を守るためなら命をかけて戦をすることに決めたということです。これが出された翌年の七月に、先ほど紹介した富樫兄弟の争いに参戦しています。そしてさらに翌年の文明七年三月に、富樫政親と本願寺門徒との戦いがあります。そしてそのあとの五月七日に「蓮如、加賀武士の圧迫を配慮し、門徒に十ヵ条の制誡を示す」（『本願寺年表』）とあります。『蓮如上人遺文』から一部を引用しますと次の通りです（意訳だけ出します）。

●【意訳】

「この当山に居住する意味は、もっぱら仏法興隆のためで、報恩謝徳のこころざしを本としている。さらにはまた、まだ信心の出来ていない人たちを導いて、本願他力の安心を教えて真実報土の往生をとげさせたいと思っていたのに、この四～五年の間は、この国の乱世の有様といい、次には加賀一国の武士などに、ややもすれば雑説（いろんなうわさ）を当山に押し付けてくるので、常々その対応だけでこの四～五年を過ごしてしまった。…こちらに何の罪があるというのか、加賀一国の武士らが無理に当山に軍を向ける（発向）ことになるのか。まったく理由のないことだ。…とどまるところ、今後は心静かに念仏修行をしたいという心中だけだ。こういうわけで、門徒の皆には、十の項目を定める。かたく末代までこの旨を守って、もっぱら念仏を勤めるべきである。

一、諸神・諸仏・菩薩などを軽んじてはならない。
一、外には（世間に対しては）王法を大事にして、内心には仏法を根本とすべきこと。
一、国にあっては、守護や地頭たちに向って、手落ちがあってはならないということ。
一、当流の安心の教えをよく知って、すみやかに今度の浄土往生を決定すること。

一、信心決定したものは、常に仏恩報尽のために称名念仏すべきこと。
一、他力の信心を獲得した者は、必ず人を勧化しようという思いをなすべきこと。
一、坊主である人は、必ず自分自身も安心決定して、また門徒にも信心について懇ろに勧化すべきこと。
一、当流のなかでは用いていない自分勝手な名目を使って、教えを乱すこと（をやめよ）。
一、仏法について、たとえ正義であっても、しげからんことにおいては、かたく停止すべきこと。
一、当宗の姿をわざと他人に見せて、一宗のようすをあらわにすること（をやめよ）。

右の十ヵ条の編目をもって、これから以後は固くこの旨を守らなければならない。…」
（『蓮如上人遺文』文明七年五月七日）

ここで蓮如が言っていることは、自分たちはこの吉崎で、ただ仏法興隆のためだけを思って念仏修行を行っているのに、何の理由があってか、このように武士たちが攻めてくるのだろう。もう勘弁してほしい。どうか門徒たちは次のことをしっかり守って、武士たちとトラブルにならないようにしてほしい。と、こういうことのようです。

そして同じ年の八月に蓮如は吉崎を退去し、若狭・丹波・摂津を経由して河内出口へ移ります。吉崎での滞在期間は四年ほどでした。

■一向一揆とは何であったのか

このへんのことを浄土真宗本願寺派のホームページでは、次のように表現しています。

●「上人の説かれる平等の教えは、古い支配体制からの解放を求める声となり、門徒たちはついに武装して一揆を起こすに至った。文明七年、上人は争いを鎮めようと吉崎を退去され、河内（大阪府）出口《でぐち》を中心に近畿を教化」（本願寺派ＨＰ「本願寺の歴史」）

ここに「平等の教え」とあります。蓮如の伝道姿勢を語るときに、「平座《ひらざ》」という言葉がよく取り上げられます。「寄合《よりあい》」を開き、門徒衆が「談合《だんごう》」つまり話し合いをする。その場では立場の上下は関係なく、皆が同座して語り合う、ということのようです。その辺を指して「平等の教え」と言うのでしょうか。または「女人往生」をさかんに口にするからなのでしょうか。

蓮如の念仏理解についてはあとでお話したいと思いますが、彼の念仏理解の中から「平等」という言葉が出てくるとは思えません。平等というのは、命と命の対等な関係のことです。己個人の死後の「浄土往生」だけが、彼の「救い」の内容です。そこからは命の関係は見えてきません。その命の関係を壊し続けている自分自身の姿は見えてきません。平等を壊し続け、差別を生み出し続けている己の煩悩の悲しさは見えてきません。たとえば女人往生をさかんに言うのは、女は男よりも罪深いという主張の裏返しです。平座を勧めることも、それが特別だという認識があるためでしょう。ちなみに、「平座」という言葉は蓮如にはありません。『蓮如上人御一代聞書』にあるのは、「仰せに、身をすてておのおのと同座するをば、…」という言葉です。この「身をすてて」に対する本願寺派聖典の脚注は、「身分や位階を不問にして」というものです。自分の身分や位階を意識するという差別心が、この「同座」という言葉を発する根元でしょう。信證院を名乗った蓮如らしい言葉です。また、一揆という戦争によって敵を殺します。その敵は自分と同朋関係にある平等な命ではないのでしょうか。

ちょっと脱線しました。右の本願寺派のホームページの言葉に戻ります。

「上人の説かれる平等の教えは、古い支配体制からの解放を求める声となり、門徒たちはついに武装して一揆を起こすに至った。…上人は争いを鎮めようと吉崎を退去され…」

この言い方ですと、一揆は「古い支配体制からの解放を求める戦争」ということになります。また「武装して一揆という戦争を起こしたのもやむをえなかった」ということになります。また「吉崎を退去することで一揆が鎮まると思っていた」とも読めます。

【一つ目の問題】★一向一揆は、古い支配体制からの解放を求めるものだったのか？

では、「古い支配体制」に代わるどういう新しい体制を求めたのでしょうか。加賀の一向一揆の場合、本願寺側はそれに勝利しました。守護による支配体制を覆しました。そしてその後百年近くにおよぶ自治をしたと言われます。それはどういう体制だったのでしょう。平等の教えにもとづく解放運動であったというのなら、勝ち取った自分たちの政治体制は平等観に基づくものでなければなりません。ではなぜその後、加賀の本願寺門徒衆は、さらに越前・越後と近隣勢力との抗争を続けたのでしょうか。さらには蓮如から、次の実如、証如の時代へと、各地での戦争が続けられ、最後に顕如時代の石山戦争で信長に敗れるまで、戦国時代の大きな武力勢力として存在したのは何故なのでしょうか。それが平等観に基づいて求められた新しい体制だったのでしょうか。

そこに見られるのは、単なる力関係でしかないようです。蓮如が『御文章』でさかんに掟を出し、守護地頭などに対して楯突くようなことはせずに、年貢もしっかり払うようにと繰り返していますが、現実にそのような状況が生まれていたのでしょう。力による圧迫の下で、民衆の中に鬱憤が蓄積し、機会があれば爆発させたいという状況であったのでしょう。蓮如による伝道活動は、ある意味それらを組織立てる役割を果たしたのでしょうし、また精神的に後押しすることにもなったのだろうと思います。まさに下克上の機運の中で、民衆たちが力を合わせ、圧迫する支配者層を跳ね除けるということになったようです。そしてそれによって勝ち取ったものは、やはり力による支配でしかなかったのです。力による支配は周辺の力と争うことになり、最後は必ず力によって滅ぼされるのです。そこには平等観もなければ、同朋観もありません。

【二つ目の問題】★武装して戦争を起こすことは許されるのか？

蓮如以降の本願寺は、明らかに武装し、他の武装勢力と争う戦争を繰り返します。この本願寺の姿勢は許されるのでしょうか。明治・大正・昭和における本願寺の戦争責任については、曲がりなりにも問題にされます。しかし蓮如以降、顕如・教如に至るまでの戦争責任については聞くことがありません。親鸞さんの同朋教団から、一八〇度ひっくり返った戦争教団であったと言わねばなりません。

「そういう時代だったから…」でしょうか。明治以降の戦争もそういう時代のことでした。時代がそうであれば、許されるのでしょうか。念仏者として問われないで済むのでしょうか。

いかなる理由があれ、命を殺すということは、私たち人間の煩悩のなせる罪です。たとえ虫一匹を殺すことであっても、アミダ仏の願いの上からは罪として問われてくることです。人間社会の最大の愚かさとしての戦争が、問われないはずはありません。

【三つ目の問題】★蓮如の吉崎退出は、一揆を鎮めるためだったのか？

もうあれこれ言う必要もないと思います。実際には何一つ鎮まることはありませんでした。ほんとうに鎮めるためには、何をすべきだったのでしょうか。掟を繰り返し出すだけで、本当に鎮まると思ったのでしょうか。本願寺の総責任者である者が現場を離れることで、問題が片付くはずはありません。はなはだ無責任と言わねばなりません。そして実はその無責任さが、蓮如の念仏理解から生まれてくる姿勢に他ならなかったのです。彼の念仏理解が厳しく問われねばなりません。

三　蓮如の「神祇不拝」

■本願寺の念仏理解の継承

覚如によって成立した本願寺が、念仏をどのように理解していたのか。そしてその念仏理解がその後、本願寺における念仏理解の伝統として今日に続いているということを先にお話しました。蓮如における念仏理解も、その流れの中のひとコマとして位置づけることができます。言うまでもありませんが、時代（歴史的状況）は変わっていきます。覚如の時代から蓮如の時代へ、世の中の状況は変化していきました。そしてその後も、今日に至るまで、時代の流れに応じて社会状況はさまざまに変化していきます。しかしながら、その時代の流れの中を生き抜いていこうとする本願寺の基本的姿勢には、一貫したものがあります。その土台とも言うべき強固な基盤を成したのが、蓮如であったと言えるかも知れません。

■蓮如の神祇観

蓮如の神祇に対する姿勢も、本願寺成立時の覚如・存覚の理解と、基本的に変わっていません。『御文章』が書かれ始めて、最初に神祇について述べられたものは次の一文です。

●「また『般舟経』にのたまはく、『優婆夷聞是三昧欲学者、自帰命仏帰命法帰命比丘僧、不得事余道不得拝於天不得祠鬼神不得視吉良日』といへり。この文のこころは、『優婆夷この三昧を聞きて学ばんと欲せんものは、みづから仏に帰命し、法に帰命せよ、比丘僧に帰命せよ、余道に事ふることを得ざれ』といへり。かくのごときの経文どもこれありといへども、この分を出だすなり。ことに念仏行者はかれらに事ふべからざるやうにみえたり。よくよくこころうべし」(『御文章一帖九』)

【意訳】

「また『般舟経』には、『優婆夷聞是三昧欲学者、自帰命仏帰命法帰命比丘僧、不得事余道不得拝於天不得祠鬼神不得視吉良日』と書いてある。この文の意味は、『仏教を聞いて学ぼうとする者は、自分から仏に帰依し、仏の説かれた法に帰依し、法に生きる仲間に帰依しなさい。それ以外の教えに仕えてはならない。天を拝んではいけない。鬼神を祀ってはいけない。日の良し悪しを言ってはいけない』ということだ。このようなお経がいろいろあるけれどもその一部を出した。とくに念仏称える者は、彼等に心をかけてはならないように見える。よくよく心得なさい」

この文は、本願寺門徒は物忌みしないということについて書かれたもので、物忌みしないのは本願寺内でのことで、世間に対してそれを出してはいけないと説いています。摩擦を生みトラブルが起こるからです。その物忌みしないことの根拠の一つとして、『般舟三昧経』の一節を引いているのです。先にご紹介した親鸞さんが『教行信証化巻末』に出された文です。そして「このような経典がいろいろあるので、念仏者は、天を拝んだり神を祀ったり日の良し悪しを見たりしてはならないようだ」と教えています。

大事なことは、それらに心を掛けることを止めねばならないのは、なぜなのか、ということです。物忌みしない理由です。親鸞さんにおける神祇不拝の内容については、先に詳しくお話しました。単に表面的に「拝まない」という格好の問題ではありませんでした。人間の煩悩の弱みに付け入り、迷いをさらに深めるものであるということ。そしてそれを支配の道具として利用しようとするのが権力者の常であったということ。それらから決別して、一人の人間として精神的に自律し自立していこうとするのが、仏教によって示された道であるということ。それゆえの神祇不拝でした。であるからこそ、弾圧を受けながらも、念仏の要であり、揺らいではならないものとして守り通したのでした。

蓮如にあるのは、「当流の掟」（自分たちの教えの決まり）であるとか、「わが流に伝ふるところの義」（自分たちの教えに伝えられている大事なこと）といったものです。そこには「なぜ、そうなのか」という理由がありません。「ずっと伝えられてきた決まりだ」という言い方だけです。

そしてこれも当然のことではありますが、覚如や存覚が当時の常識的理解であった本地垂迹説を取り込んで神祇信仰を受け入れていったように、蓮如もまた同じ路線を歩むことになります。

●「自余の一切の仏・菩薩ならびに諸神等をもわが信ぜぬばかりなり。あながちにこれをかろしむべからず。これまことに弥陀一仏の功徳のうちに、みな一切の諸神はこもれりとおもふべきものなり」（『御文章』二帖二）

【意訳】

「アミダ仏以外のすべての仏も菩薩も、そして諸神なども、自分が信じないだけなのだ。あながちにこれらを軽んじてはならない。ほんとうにアミダ一仏のお心の内に、みなすべての諸神は含まれていると思うべきである」

●「一切の神明と申すは、本地は仏・菩薩の変化にてましませども、この界の衆生をみるに、仏・菩薩にはすこしちかづきにくくおもふあひだ、神明の方便に、仮に神とあらはれて、衆生に縁をむすびて、そのちからをもつてたよりとして、つひに仏法にすすめいれんがためなり。…このゆゑに、弥陀一仏の悲願に帰すれば、とりわけ神明をあがめず信ぜねども、そのうちにおなじく信ずるこころはこもれるゆゑなり」（『御文章』三帖十）

【意訳】

「すべての神は、その元は仏や菩薩の変化したものであるが、この世界の人間たちを見るに、仏や菩薩では少し近づきにくいようなので、神の方便で、仮に神となって現れて、人間たちに縁を結び、その神の力をもって頼りとして、最後には仏法に勧め入れるためである。…こういうわけで、アミダ一仏の本願に帰依すれば、とくに神をあがめず信じなくても、アミダ仏に帰依する心のうちに、神を信ずる心は含まれているというわけである」

これら一連の『御文章』を通して語られる蓮如の神祇観は、次のようになるかと思います。

①神は仏菩薩が姿を変えたものであり、そのわけは、衆生を仏法に導くためだ。
②アミダ仏の功徳の中に、すべての神はこもっている。
③だから、アミダ仏に帰依すれば、その心の中に神を拝む心も入っている。
④だから、神を拝まなくても信じなくてもよい。
⑤だから、拝まず信じないけれども、粗末にしてはならない。

と、こんな感じです。こう言われて皆さんは不思議だと思われませんか。神とはどういう存在かと言うと、私たちを仏法に導くために現れたものだと。しかもアミダ仏の心にすべての神は収まっており、アミダ仏に帰依することと神を拝むこととは矛盾しないと言うのです。そこまで言っておきながら、なぜ、神を拝んではいけないのでしょうか。なぜ、神を信じてはならないのでしょうか。

蓮如の説き方には、相当無理があると言えそうです。素直に言ってしまえば、「神は私たちを仏法に導くために現れてくださったお方だ。アミダ仏のお心と同じものだ。だから私たちは、アミダ仏を拝むのと同様に、神々をも大事に拝んでいこう」と、こうなるのではないでしょうか。ではなぜ、蓮如は「神を拝まない、信じない」と言い張るのでしょうか。答えは簡単です。親鸞さんがそう説かれたからです。蓮如にとってみれば、「神を拝まない」というのは、親鸞さん以来の「決まり」であったのでしょう。それを「掟」として守ろうとしているのです。そしてそこでは「なぜそうなのか?」ということに関しては、「何も無い」あるいは「分からない」ということだったのではないでしょうか。

おそらく蓮如自身、なぜこのような教えが伝えられているのか理解できないまま、それを自分たち一流の守るべき姿として受け止め、そのために生じる世間とのトラブルを除くために、「おろかにすべからず」「かろしむべからず」を困惑しながら連発する必要があったのでしょう。

■本願寺の「神祇不拝」の伝統として

『教行信証化巻末』が相当の紙数を費やして書かれたことからも分かるように、親鸞さんにとっての神祇不拝は、アミダ仏の本願への帰依と表裏の関係にありました。本願への帰依が、人間の迷いの現実を照射することでなくて何なのでしょうか。人間の迷いの現実が外教邪偽であり、この国においては神祇（神道）であったわけです。別の言葉を使えば、煩悩の現実であるわけです。神祇が問えないということは、煩悩が問えないということです。

親鸞さん亡き後、人間の迷いの現実、煩悩の現実を厳しく問う念仏は崩れてしまいました。ずるずると世俗の価値観の中へ埋没しながら、本願寺は成立しました。親鸞さんの神祇不拝は理解されることなく、受け継がれることなく、残ったのは「神を拝まない」という「決まり」ごとだけでした。この内実を伴わない、かっこうだけの「神祇不拝」が、蓮如以降も生き残ります。明治から昭和にかけての戦争の時代の中で、本願寺教団が最後まで引っかかっていたのも、この「決まり」でした。内実はすでに全面的に世俗に迎合していながら、この「」付きの「神祇不拝」だけは守ろうとするのです。それも最後には捨てて、伊勢のお札を寺に掛けて拝むのですが。

現在本願寺派では、「神祇不拝」が研修テーマにあがることはなくなったようです。何も問題にはならないようです。そんな中で、住職の中には「靖国神社へ行っても念仏称えればよい」とか、「研修旅行で三重に行くので、伊勢神宮へも参拝します」とか、平気で語られたりするのです。以前、僧侶研修会のテーマを決めるとき、「神と仏」を提起した私に、ある講師は「ええ?今さら住職たちに『神と仏』ですか?」と笑って言いました。確かに「決まり」ごととしての「神祇不拝」を伝えるだけなら、とくに研修会など必要ないのかもしれません。

四　蓮如の「念仏」

■蓮如の「念仏」とは何だったのか?

覚如から始まった本願寺の念仏理解は、親鸞さんのそれとは大きく意味合いを変えたまま、蓮如へと受け継がれていきました。そして蓮如のもとで本願寺の教線が爆発的に拡大されたのに伴い、そこで語られる「念仏」が本願寺における念仏理解の基盤として確定化し、その後今日に至るまで揺るぐことなく継続することになりました。

それでは蓮如によって語られた「念仏」とはいったいどういうものだったのでしょうか。基本的にはこれまでお話ししてきました覚如・存覚における「念仏」と変わりません。しかし今日の本願寺門徒、本願寺僧侶が親しく接しているものは、蓮如によって語られる言葉の数々なのです。そこにある非真宗的な「念仏」を、私たちはしっかり見定めておく必要があります。以下、いくつか蓮如自身の言葉を取り上げながら、お話してみたいと思います。

●「人間はただ夢幻《ゆめまぼろし》のあひだのことなり、後生こそまことに永生の楽果なりとおもひとりて、人間は五十年百年のうちのたのしみなり、後生こそ一大事なりとおもひて、もろもろの雑行をこのむこころをすて、あるいはまた、もののいまはしくおもふこころをもすて、一心一向に弥陀をたのみたてまつりて、そのほか余の仏・菩薩・諸神等にもこころをかけずして、ただひとすぢに弥陀に帰して、このたびの往生は治定なるべしとおもはば、そのありがたさのあまり念仏を申して、弥陀如来のわれらをたすけたまふ御恩を報じたてまつるべきなり」（文明五年九月十一日『御文章』）

【意訳】

「人間というものはただ夢や幻のような間のことだ。後生こそが本当に永遠の楽しみの世界であるということをしっかり理解し、また人間はせいぜい五十年か百年の間の楽しみであり、後生こそもっとも大事なことだと思うべきだ。（そのためには）さまざまな念仏以外の行を好む心を捨てて、あるいはまた、物を忌まわしく思う心をも捨てて、一心一向にアミダ仏だけを頼んで、それ以外の仏や菩薩や諸神などにも心をかけないで、ただ一筋にアミダ仏だけに帰依して、このたびの浄土への往生は間違いないと思えるようになれば、そのありがたさのあまりに念仏を申して、アミダ如来が私たちを助けてくださる御恩に感謝すべきである」

ここで蓮如は、人間として生きていること（つまり人生）と、後生《ごしょう》というものを比較しています。人間としての楽しみはせいぜい五十年か百年の間のことであり、夢や幻のようなものだと言い、それに対して後生というものこそ永遠の楽しみだと言います。だからこの永遠の楽しみこそが一番の大事（一大事）であり、それを求めるべきであると言います。そしてそのために次のようなことが大事であると説きます。

・諸々の雑行（念仏以外の行）を好む心を捨てる。
・物を忌む心（迷信、占い、まじないなど）を捨てる。
・一心一向にアミダ仏を頼む。
・アミダ仏以外の仏・菩薩・諸神などに心をかけない。

そして自分の浄土往生が間違いないと思えたら、有難さのあまり念仏を申すようになるし、助けてくださったご恩に感謝する心が生まれるものだと。

■「永生の楽果」

まずここに出てくる「夢幻」や「五十年百年のうちのたのしみ」、そしてそれに対する「永生の楽果」「一大事」という言葉は、蓮如の人生観と浄土観を読み取る上で、とても分かりやすい象徴的な言葉であろうと思います。たとえばここで蓮如は、人生についても「たのしみ」と言い、浄土についても「楽果」と言っています。この「たのしみ」と「楽」は、親鸞さんが『教行信証』で引用している「楽に三種あり」のうちのどの楽に当たるのでしょうか。人生における楽は当然欲望の楽である外楽に当たるでしょう。では「永生の楽果」の楽はどうでしょうか。本来の浄土の楽である法楽楽でしょうか。法楽楽は言うまでもなく十方衆生が共有する楽です。蓮如の言う「永生の楽果」とは、十方衆生共有の楽のことでしょうか。残念ながら蓮如には、自分が十方衆生の一人として救われるという概念はありますが、十方衆生が救われなくては自分の救いもありえないという概念はありません。自分が救われるためには十方衆生と共々に浄土へ導かれねばならない、ということが出てきません。同朋という意識が欠落しているわけです。つまりアミダ仏の本願を受け止めているのではなく、本願を自分の個人的な救いのために利用しているに過ぎません。自分の往生は自分一人の問題であって、そこに他の衆生が浄土へ往生するのか地獄に落ちるのかは問題になってきません。もっと言えば、自分が地獄へ落ちていく道中で他の衆生も巻き添えにして地獄へ引っ張っていることへの、罪の自覚はありません。親鸞さんが和讃で「自障障他」と言われている己の人間としての悲しい現実です。そんなところは何も問題にならないところで、自分の個人的な往生、いや正しく言えば「」を付けねばなりませんが、「往生」が語られるのです。その「往生」の行き先である「浄土」が、先にお話しました「死後の楽園」であることは言うまでもありません。ですから、この「永生の楽園」の楽は、三種楽で言えば当然これも外楽に相当するわけです。

ですので、この人間の楽と、死後の楽とを並べて比べることが出来るのです。こちらは五十年百年。あちらは永遠。それなら永遠のほうが良いだろう、と。こちらは所詮夢や幻。あちらこそ本物、一番大事と。

■「後生の一大事」

「後生」って何でしょうか。もう何も説明はいらないと思います。これは明らかに死後のことです。死後の世界のことです。そうあからさまに言われるのを嫌う人は、「今現在から後のことだ」とかごまかそうとします。今から後も、生きている間は人間であり、「夢幻」ということになります。

蓮如にとって重要なことは、自分の死後に、自分がどういう世界に生まれるのかということのようです。楽しいところか、苦しいところか。それまでの人間としての一生は、死後の楽園に生まれることを決定する（「信心決定」）ためにあるのであって、それ以外はしょせん夢のような、幻のような、あまりたいして重要な意味があるものではない。大事なことは、一番大事なことは「後生の一大事だ」ということになるようです。

■「決まり」を守る純粋性に酔う

もう一つ、この『御文章』から読み取るべきことがあります。後生への往生のために必要なこととして、先に箇条書きしたような項目が挙げられています。すでにお話してきたことですので、なるべく繰り返しはやめたいと思います。簡単に言えばこういうことです。親鸞さんの教えの「決まり」はこうなのだ、それを守るのが真宗門徒だ。それなのに、真宗他派（仏光寺や高田専修寺など）は迷信のようなことをやっている。あれは親鸞さんの流れをくむ真宗とは言えない。本当の真宗はこの本願寺なのだ。と、こういうことです。

それではその「決まり」ごとは、なぜ大事なのか。なぜ必要なのか。どういう意味で守らなければならないのか、というと、その中身は何も語られません。親鸞さんがそうおっしゃるから守らねばならない、ということでしかありません。それを守るところに、真宗念仏者としての純粋性があると思っていたのでしょう。そのことは、蓮如の「念仏」が大きく広まっていくための一つの武器であったのかもしれません。「私たちこそが、親鸞さんの教えの後継者」。真宗他派はもちろんすでに真宗とは言えなかったわけですが、親鸞さんの死後、またたくまに本来の真宗念仏は壊れてしまったのですから、本願寺も五十歩百歩です。今私たちはそのことをしっかり踏まえたうえで、自分たちの戻るべき地点を確認しなければならないだろうと思います。

■「仏法は隠せ」

●「まづ当流の肝要は、ただ他力の安心の一途をもて、自身も決定せしめまた門徒のかたをもよくよく勧化すべし。つぎには、王法を先とし、仏法をばおもてにはかくすべし。また世間の仁義をむねとし、諸宗をかろしむることなかれ。つぎに、神明を疎略にすべからず。また、忌不浄ということは、仏法についての内心の義なり、さらにもて公方に対し他人に対して、外相にその義をふるまふべからず。これすなはち当宗にさだむるところのおきてこれなり。しかれば、他力の信をば一念に、本願のことはりを聴聞するところにて、すみやかに往生決定とおもひさだめて、そのとき命終せば、そのまま報土に往生すべし。もしいのちのぶれば、自然と仏恩報尽の多念の称名となるところなり、とこころうべきものなり」（文明七年五月七日『御文章』）

【意訳】

「まず私たちの教えの大事なところは、他力の安心という一つの方法で、自分自身もそれをしっかりと定め、また門徒たちにもしっかりとそれを勧め教化すべきだ。次には、王法（世間での決まりごと。世間の秩序。政治体制）を先ず大事にして、仏法は表には隠すべきだ。また世間の道徳を大事にし、他の宗教を軽しめてはならない。次に、神をおろそかに扱ってはならない。

また、穢れよごれたものを忌むことをしないというのは、仏法についての心の中でのことで、それを朝廷や幕府などの公の者や他人に対して、（見えるように、分かるように）外面に出して行動してはならない。これらのことは私たちの宗旨で定められている掟である。そうであるから、他力の信を一念に、本願の教えの道理を聴聞することによって、すみやかに浄土往生が間違いないと思い定めて、その時に命終わればそのまま浄土に往生するし、もし命が延びれば、自然に仏恩への感謝の心で数多くの念仏を称えることだと心得るべきだ」

ここでは本願寺の坊主や門徒にとって大事なことは何かということを、とてもコンパクトにまとめて書かれています。整理して箇条書きにしてみると次のようになります。

①他力の安心を決定する。
②王法を先にして、仏法を表には隠す。
③世間での儒教道徳を大事にする。
④諸宗を軽しめない。
⑤神をおろそかに扱わない。
⑥穢れを忌み嫌わないということは自分たちの教えの内心でのことで、決して公や他人

に見えるように振舞ってはならない。

⑦これらは自分たちの教えに定められた掟（決まり事）だ。

⑧本願の道理をよく聴聞して、他力の信をすみやかに決定することが大事だ。

⑨その時命終わればそのまま浄土へ往生するし、命が延びれば感謝の心で多くの念仏を称えようと心得るべきだ。

最初①と最後⑧⑨に、一番大事なことは「他力の安心を決定すること」だと言い、②から⑥で現実社会での具体的な生活上の注意点を挙げ、⑦でそれらは本願寺における掟（決まり事）であると述べています。

この文からは、「王法、世間、仁義、諸宗、神明、公方、他人」などに対してとても気を使っていることが分かります。それらと摩擦やトラブルが起きないように気をつけよう、ということのようです。そしてそのためには、自分たちの「他力の安心、仏法」というものは「表、外相」には見せるな、隠せと言っています。

■死ぬための「念仏」

覚如から始まった本願寺の「念仏」の大きな特徴の一つとして、先に「王法と仏法」についてお話しました。一文だけ再掲しますと。

「それは念仏の信心というものを、心の内側だけのものにしたことです。そして現実の社会生活の規範を、世俗権力の価値観に置いたことです。後に真俗二諦と呼ばれる念仏理解の始まりです」

この念仏理解が蓮如においてもそのまま変わることなく継続していることが、この『御文章』の文面からもよく分かります。現実を生きるための規範は「王法」です。それでは、その王法との摩擦を避けるために心の内面に隠しておけという「仏法」とは、何のためにあるのでしょうか。それがこの『御文章』の最後の文にある「そのとき命終せば、そのまま報土に往生すべし。つもしいのちのぶれば、自然と仏恩報尽の多念の称名となるところなり」ということです。つまり死んだ時に「報土（浄土）」という楽園に行くためです。「念仏」は何のためにあるのかと言えば、「報土に往生」することが間違いないと思えて、「うれしいな」と喜ぶ心から「ありがとう」とお礼を申すことだということです。ここで教えられる現実の生活は、「仏法」は心の中に隠しておいて、外面では現実社会の規範にそむかないように、世間の常識から外れないように、人様から悪い者呼ばわりされないように気をつけよう、ということのようです。

●「本願を信ぜんには、他の善も要にあらず、念仏にまさるべき善なきゆゑに。悪をもおそるべからず、弥陀の本願をさまたぐるほどの悪なきゆゑに」（『歎異抄』一）

【意訳】

「本願を信ずる者にとっては、それ以外の善は必要ありません。念仏に勝るような善はないからです。悪（呼ばわれすること）も恐れる必要はありません。アミダ仏の本願を妨げること以上の悪などないからです」

親鸞さんにおいては、アミダ仏の本願が生きることの唯一の拠り所であり、本願を仰ぎながら現実社会を生きるうえでの摩擦やトラブルは、念仏称えることに付きまとう常のこととして受け止められていました。

●「世間虚仮、唯仏是真」（『天寿国曼荼羅繍帳』の聖徳太子の言葉）

【意訳】

「世間（現実社会）のことはすべて虚仮であり、ただ仏のみがこれ真実と言えるものだ」

仏教とは本来そういうものでした。人間社会の虚仮を知らせるために提示された、正反対の概念です。完全なる真実の世界を仏という言葉で表し、それとの接点を持つことによって、常に自分自身および人間社会の虚仮を相対化しようとするものでした。

本願寺の「念仏」はその当初からそれとはまったく別の、自分自身および人間社会を肯定し、そこに埋没する生き方（思想）の根拠として整理され伝えられてきました。そこでの「仏法」も「念仏」も「本願」も「他力」も、およそ本来のものとはまったく別の、似非なるものでしかありませんでした。そして私たちは、その似非なるものは実のところ、本来のものを破却するものとして存在してきたことを、明らかにしなければなりません。

■「世間通途」

●「王法をもつて本とし、仁義を先として、世間通途の義に順じて、当流安心をば内心にふかくたくはへて、外相に法流のすがたを他宗・他家にみえぬやうにふるまふべし」（文明八年一月二十七日『御文章』）

【意訳】

「王法（世間での決まりごと。世間の秩序。現実の政治体制）を基本とし、道徳を先頭にして、世間並のあり方にしたがい、自分たちの教えの安心は内心に深く蓄えて、外面にはその姿を他の考えの者たちには見えないように振舞うべきだ」

●「王法を先とし、仁義を本とすべし。また諸仏・菩薩等を疎略にせず、諸法・諸宗を軽賤せず、ただ世間通途の義に順じて、外相に当流法義のすがたを他宗・他門のひとにみせざるをもつて、当流聖人の掟をまもる真宗念仏の行者といひつべし」（文明九年一月八日『御文章』）

【意訳】

「王法を先頭にして、道徳を基本とせよ。また諸仏諸菩薩などをおろそかにせず、他の教えを軽蔑しないで、ただ世間並みのあり方にしたがい、外面には自分たちの教えの姿を他の教えの人に見せないようにするのが、私たちの親鸞聖人の掟を守る真宗念仏の行者と言うものだ」

どちらも正月に出された『御文章』ですが、同じような書きぶりで、本願寺門徒の生き方を示しています。ここでも「王法」と「仁義」という言葉が出てきます。文明八年のものは「王法が本、仁義が先」であるのに対して、文明九年の文は「王法が先、仁義が本」です。つまり「本」

と「先」は同じ意味合いで使われていると言うことです。「本《ほん》」は「模範、手本、根本、基本」というような意味です。「先《さき》」は「先端、先頭、前」というような言葉です。念仏称える者が生きる上において、まずまっ先に基本・根本とすべきことは、王法であり道徳であるというのです。

そしてこの二つの文に象徴的に使われている言葉が、「世間通途《せけんつうず》」です。「通途」は、辞書では「普通なこと。並であること。通常」とあります。つまり「世間並みに、ごく普通に」という言葉です。もちろん先ほどの王法も仁義も、世間と同じ意味です。

■蓮如における「生きる」ということ

おびただしい量の『御文章』を発信し、繰り返しくりかえし、世間一般の価値観を生きる上での基本にすえることを説いています。もちろん蓮如にとって、この王法の価値観と仏法の価値観は違うわけです。仏法の価値観は親鸞さん以来からの大切なものとして受け止められています。しかし、こと現実社会を生きるということに関しては、この大切な仏法の価値観は一つも登場してきません。いや、出してはならない、隠せと言っているのです。

蓮如にとっての仏法の価値観は、「生きる」ということに関しては隠すことが出来るものであるのです。つまり、生きるということについては無関係でいられるものであるのです。もしも自分の目の前にある現実社会、現実生活が、自分の仏法の価値観の上からどうしても問われるものとして認識されるのであれば、それは行動なり態度なり表情なり心の動きなりで、出てきてしまうのではないでしょうか。隠すことが出来るということは、無関係でいることが出来るということです。

蓮如にとっての「生きる」ということは、彼の「仏法」や「念仏」「本願」などとはまったく無関係のものとしてあったということです。言ってみれば、どうでもよかったのです。しょせん五十年百年の楽しみであって、夢や幻みたいなものです。どうでもよいことなら、極力摩擦を起こさないように、トラブルを生まないように、終始一貫して世間に合わせて行きましょうということのようです。

繰り返しますが、では心の中に隠しておく「仏法」とは何のためにあるのでしょう。死後の楽園（永生の楽果）に行くことを思い込ませてもらって、心の中で喜ばせてもらうためです。

二〇一五年の安全保障関連法案が国会に提出され成立した時、浄土真宗本願寺派はそれに対して何の対応も出しませんでした。きっと自分たちの「仏法」とは無関係だったのだろうと思います。

■「時にしたがひあひはたらく」

●「王法は額にあてよ、仏法は内心にふかく蓄へよとの仰せに候ふ」（『蓮如上人御一代記聞書』一四一）

【意訳】

「王法は表にあてて大事にしなさい、そして仏法は心の中に深く蓄えておきなさい、というお言いつけでございます」

●「仏法をあるじとし、世間を客人とせよといへり。仏法のうへよりは、世間のことは時にしたがひあひはたらくべきことなりと云々」（『蓮如上人御一代記聞書』一五七）

【意訳】

「仏法を主人として、世間のことは客人としなさいと言われます。仏法の上からは、世間のことは時にしたがって共に動くべきことであると言われます」

この二つはどちらも『蓮如上人御一代記聞書』からの引用です。この書物は後の人が（編者は定かでないようです）、蓮如が教え諭した言葉などを記録したものです。箇条書きになっていて読みやすいため、今でも真宗門徒の生活規範として使われることもあるのではないでしょうか。

さてここでは、これまでにお話してきた「王法・仏法」について、さらに違う表現をしており、より彼の思いへの理解が深まるように思います。

まず一つ目の文章では、「王法は額（ひたい）にあてよ」とあります。本願寺派の『浄土真宗聖典』では、脚注で「表にかかげて守れ」と記しています。額というところは、人と対面する時に、まずまっ先に正面に向き合うものです。これまでに紹介してきた言葉で言うと「先とせよ」が重なります。そして「仏法」はその額に対して、内心に蓄えるものだと。

さらに二つ目の文を読むと、その「額」と「内心」との重心の位置がより明確になってきます。ここでは「あるじ」と「客人《まろうど》」という言葉を使っています。これは彼の王法観・仏法観を伺う上で、そのニュアンスを伝えるための絶妙な例え言葉だろうと思います。主人と客人、どちらが大事かと問われれば、自分の主人をあがめ仕える者にとっては、当然主人が大事です。では客人は大事じゃないのかと言えば、そうではありません。お客様も当然大事であり、粗末にしてはなりません。ご主人様を大事に思う上からも、ご主人様のもとへ来られるお客様には、粗相のないように気を使い、極力丁寧に対応しなければなりません。でも、自分にとっての一番の拠り所であり、もっとも大事なお方は、ご主人様以外にはおりません。もしも客人がご主人様に危害を加えるような態度に出た時には、ご主人様を守るための手段を講じます。そんな関係です。

そしてそれに続く言葉にこうあります。「仏法のうへよりは、世間のことは時にしたがひあひはたらくべきこと」であると言うのです。この「あひはたらく」の「あひ」は、接頭語の「相」で、「ともに、いっしょに、互いに」と辞書にはあります。「はたらく」は、「動く、仕事をする、役目を果たす」とあります。「時にしたがひ」の「したがふ」は、「順応する、応じる」という意味です。つまりこうです。「仏法の考え方から言えば、世間でのことは、その時その時の状況に順応して、世間のあり方に合わせるように動くべきである」。または「その時々の状況に順応して、世間とともにお互いに同じ役目を果たすべきである」と読むことができます。それが、「王法をもって本とする」や「王法を先とする」や「王法は額にあてよ」という言葉の中身です。先の「世間通途」とも重なります。そして現実の彼の生き様が、まさしくその言葉のままであったことが理解できます。

■「信心をもつて本とする」

「聖人一流の御勧化のおもむきは、信心をもつて本とせられ候ふ。そのゆゑは、もろもろの雑行をなげすてて、一心に弥陀に帰命すれば、不可思議の願力として、仏のかたより往生は治定せしめたまふ。その位を『一念発起入正定之聚』とも釈し、そのうへの称名念仏は、如来わが往生を定めたまひし御恩報尽の念仏とこころうべきなり」（『御文章』五帖十）

【意訳】

「親鸞聖人から始まる私たち一門で教えられてきた内容というものは、信心をもっとも大事なものと致します。そのわけは、さまざまな念仏以外の行を投げ捨てて、一心にアミダ仏に帰依すれば、その不可思議な本願のはたらきで、アミダ仏のほうから私たちの浄土往生を決定してくださるからです。そのことを曇鸞大師の『浄土論註』には『一念発起すれば正定の聚に入る』と解釈されており、その後に称える念仏は、アミダ如来が私の往生を定めてくださった御恩に対する感謝の念仏と心得るべきであります」

この『御文章』の一文は、おそらく多くの真宗門徒が一番初めに目にし口にしたものではないでしょうか。短いものなので、五帖目の中でも最も普及したのでしょう。

ここでは「信心をもつて本とする」とあります。「王法をもつて本とする」と並んで、どちらも大事なものとして扱われているのは、先ほどお話ししましたように、蓮如にとってみれば何も不思議なことではありませんでした。ただしそれは、「それでは、信心と王法とをくらべたらどちらがより大事ですか？」と聞かれれば、即答で「もちろん信心です」と返ってくるような違いがあるわけです。

そしてここでも、なぜ「信心が一番大事」であるのかの理由として、「雑行を捨てて一心に帰命する」→その結果として→「アミダ仏の願力で往生が定まる」→それを受けて→「御恩報尽の称名念仏」というういつものパターンが述べられています。

言うまでもなく私たちは、ここでは「世間」というものも、そこでの「生活、生きる」ということも、およそ対外的な社会的なことがらは何も出てこないということを確認しておかなければなりません。一人の人間の存在から、社会性を抜き去った「内心」だけが語られている部分です。蓮如にとっては、世間を語ることと、内心を語ることとは、まったく別物です。この文章では内心の「信心」について語る場面であって、世間についての話題ではないのです。

そういえば以前布教使として出講していたころ、長年聴聞を続けている年配のご門徒から「私たちは世間のことを聞きたいんじゃないんです」と言われたことがあります。また「人のことなどどうでもいいんです。私の往生のことを聞きたいんです」という声もありました。また「新聞の話ばっかりだ」と揶揄されたこともあります。

生身の人間から社会性（現実の生活。世間での暮らし）を抜き去って、「内心」というものを単独で扱うということは可能なのでしょうか。私たちはこの世に誕生するところから二人の人間との関係を持ち、衣食住生活のすべての場面で社会と接点を持ち、死ぬことすら他の人間や生物との関係の中でしかありえません。社会性を抜き去った「内心」などというものは、もとより絵に描いた空想妄想の類でしかありません。蓮如の説く「信心」というものは、そのような観念の思い込みの中で繰り広げられているのです。

「王法仏法は車の両輪のごとし、鳥の双翼のごとし」として始まった本願寺の念仏理解は、この蓮如に至るまで、きっちりと崩れることなく変わることなく受け継がれ、親鸞さんの念仏とはまったく別のものとしてしっかりと根付いていきました。それがどれほどの誹謗正法であるのかという自覚はあるはずもなく、これこそが正法そのものであるとして今日に至っているのです。

■仏教にあらざる「仏教」

現在の本願寺教団にとって、蓮如という存在が名実共に親鸞さんと並んで重要な位置を占めているることは間違いありません。いや、実際のところは蓮如を通して親鸞さんが語られているわけですから、名実共に蓮如教団と言ってもよいのかもしれません。

今日、私たちが親鸞さんの念仏を再確認しようとするならば、まずもって蓮如の「念仏」を明らかにしなければなりません。蓮如というフィルターがいかなるものかを明らかに出来たときに、それを取り外した親鸞さんの本来の姿が見えてくるはずです。

仏教は、人間の苦悩が煩悩という本能的愚かさに由来することを看破し、それを克服する道を示そうとしました。それがシャカ以来の実践でありましたし、また法然および親鸞さんによる新たな仏教の取り組みでもありました。

煩悩によって成り立つ人間社会の中で、煩悩に基づいて生きる人間がいます。煩悩に基づくがゆえに、当然そこではお互いが差別しあい苦悩の連鎖が続いていきます。しかしながら、煩悩を根底に置いているがゆえに、その苦悩の原因が見えてきません。そんな人間の現実の中から生まれた仏教は、「まず煩悩を厳しく問う」ということが、大前提としてあったわけです。

親鸞さんはそれを「いとふ」という言葉で表現されました。厭うべき対象は「この世」であり「この身」です。以前の仏教で使われた言葉としては「厭離穢土《おんりえど》」がありました。この「穢土」をさらに丁寧に分かりやすく言い表した言葉が、「この世」と「この身」です。「この世」を離れて「この身」は存在しません。また「この身」を通してしか「この世」は問題になりません。この二つの煩悩性が同時に問われてくる、それが仏教でした。

仏教が現実を批判的に問うていくものである以上、当然のことながら、「この世」つまり現実の人間社会のありよう、具体的には政治的権力、あるいはそこから流布している社会的規範や道徳などとの摩擦を生みます。ひいては政治的弾圧にまで及びます。「承元の法難」をはじめとする一連の念仏弾圧がそれでした。それを親鸞さんは、「よくよくやうあるべきことなり」つまり「十分に理由のあることである」と言い、仏教の本質から生まれる当然のことであると受け止めておられました。

そしてそれを避けて、逆に「この世」のありようを利用しながら自らの存在を位置づけようとしたのが覚如であり、本願寺であったのです。そこでは念仏の意味が根底から変わったと言うべきです。その延長線上にある蓮如の「念仏」は、つねに王法（「この世」のありよう）を立て、そこに最大限の気を遣いながら、「念仏」は心の内側に納めて隠すべきものとなったのです。

現実の人間社会のありようを問えなくなったということは、煩悩という人間社会の本質を問えなくなったと言うことです。それは同時に己自身の煩悩をも問えなくなったということであると、すでにお話しました。仏教ではなくなったということです。

■現実社会への無自覚な同化

一向一揆についてのお話の一番最後に、この蓮如の無責任さは、彼の念仏理解から生まれたものである、ということを書きました。北陸での一向一揆の騒動を、あたかも下間蓮崇ひとりの責任のように扱って、自分自身は早々に吉崎を退去してしまいました。目の前の現実に対して、総責任者として何をしなければならないのか、大勢の門徒衆を戦場に走らせながら、その事態をどう収束させるのか。人間としての真摯な姿勢が見えてきません。吉崎を退去した後はすぐに山科本願寺を建て、続けて石山本願寺を建て、自分自身の生涯はめでたく完結しました。しかしこの一揆の路線はその後も引きずることになり、石山戦争で信長に敗れるまで続きました。

時代は下克上。社会の上下関係が、あからさまに力関係によって逆転していく潮流でした。その時代状況を「夢まぼろし」と見た蓮如の生き様は、「時にしたがひあひはたらくべきことなり」というものでした。それは現実社会に対する批判性を放棄し、その現実社会と同質の社会性を持って同化するということでした。それが彼の「念仏」のうえから導き出された思想でした。

結果、曲がりなりにも仏教を標榜する本願寺が、武器を持ち、城（の形態の寺）を構え、仏教を守るという名目での戦争を繰り返しました。並みいる守護大名や戦国大名と肩を並べる大きな武装勢力でした。煩悩によって苦悩を生み続ける人間社会を問うものであった仏教はかけらもなく、逆に鎧をつけ武力でぶつかり合う状況を展開しました。世間通途に生きるとは、そういうことでした。

今、私たちはそのことを俎上に上げ、小骨の一本一本まで吟味して検証する必要があります。

それは現在の本願寺教団の非真宗性（＝反真宗性）を明らかにすることでもありますし、当然自分自身の真宗を問い直すことでもあるわけです。

第四章　国家神道と本願寺

一　明治維新と国家神道

■国家神道

現在の日本人の宗教観に、直接大きな影響を与えたものが、明治期の宗教政策でした。国家神道と呼ばれるそれは、これまでお話してきた日本における民族宗教としての神道が、最も大きく活動し、それゆえに大きな弊害を生み出したものでもありました。いったいどういうものであったのでしょうか。そしてその時、本願寺はどういう姿勢であったのでしょうか。

江戸時代の終わりに、古代の神道を復活させようとする考えが広がり、それが尊皇攘夷の基盤になりました。この国は武士（幕府）が統治する国から、再び天皇が中心になる国へと生まれ変わりました。復古神道はまた、明治維新の思想的基盤にもなり、明治新政府の宗教政策である国家神道へとつながっていきました。

江戸幕府は二六〇年余り鎖国を続けてきました。しかし外国からの圧力によって開国を迫られます。新しい明治政府は、早急に外国と並べる統一国家を作る必要がありました。そこで、古代からの神を拝む宗教を、日本という国の精神的統一に利用することにしました。神道を国教化する政策です。

日本は神の国である。よって日本国民は全員、神を拝まねばならない、ということです。天照大神を日本民族の最高の神とし、その神を祀る伊勢神宮が日本における最高の神社であるとしました。伊勢神宮のお札を拝受するのは日本国民の義務となりました。また天照大神の子孫が天皇であり、よって天皇は現人神《あらひとがみ》（人間の姿となって現れた神）であると言われました。日本国民である以上、天皇を神として拝まねばならないと教えられたのです。学校などでは毎朝、天皇の肖像を納めた奉安殿を拝み、教育勅語という天皇の言葉を暗誦させられました。

つまり、政治上の権力者が宗教上の神であり、国民は自分の拝む相手から政治的に支配されるという構造です。政治的に支配されることが、宗教的「お救い」と受け止められる状態です。古代の神道から続く祭政一致の、もっとも完成された姿と言ってよいと思います。この国家神道によって、明治政府は最強の政治体制を確立しました。

■神道国教化政策

明治政府はそれを実現させるための強引な政策をくりだしました。

まずは一八六八（明治元）年に、神祇官が復興されました。

●「此度王政復古神武創業ノ始ニ被為基、諸事御一新、祭政一致之御制度ニ御回復被遊候ニ付テ、先ハ第一神祇官御再興御造立ノ上、追々諸祭奠モ可被為興儀、被仰出候」（太政官布告明治元年三月十三日）

【意訳】

「このたびの王政復古（天皇中心の政治に戻る）は、初代神武天皇による国の始めを基にして、物事すべてが一新される。祭政一致の制度に回復されるにあたって、まずは第一番目に神祇官が再興造立される。また追々さまざまな祭典も行われることが、仰せ出されている」

王政復古は神武天皇による国の創業を基にすると言っています。神武は天照大神の五代目の孫ということになっていて、言うまでもなく神話の世界です。近代国家としての新たな国作りを、神話を基にして行ったのです。もちろん当時は実在の人物として扱われたわけですが。

神道を政治理念として成立していた律令時代に、政府の神祇政策を管轄し、各地の神社を管理していた役所が神祇官でした。それをこの明治の初めに、再びそのまま復活させました。およそ近代化とは正反対の方向を、国家の政治理念として根本に据えたのです。神祇官は一八七一（明治四）年に神祇省になり、さらに教部省になります。

一八六八（明治元）年。神仏分離令を出して、これまで本地垂迹説などで神仏混交していた神道と仏教を分離させました。それは実際には仏教を捨てて神道だけを残したいということでした。廃仏毀釈と呼ばれ、各地では実際に寺院が壊されたという記録が残っています。

一八七〇（明治三）年に、明治天皇から「大教宣布詔《だいきょうせんぷのみことのり》」が出され、「惟神《かんながら》の道《みち》（神道のこと）」を国の宗教とすることが宣言されました。

また一八七一（明治四）年には、神社氏子調《じんじゃうじこしらべ》を行い、すべての国民はどこかの神社の氏子でなければならないとしました。

●「一、臣民一般出世ノ児アラハ其由ヲ戸長ニ届ケ必ス神社ニ参ラシメ其神ノ守札ヲ受ケ所持可致事」（太政官布告明治四年七月四日）

【意訳】

「一、一般の国民に子供が生まれたならば、そのことを戸長《こちょう》（その地区の戸籍を管理する責任者）に届け、必ず神社に参らせてその神の守り札を受け、それを所持しなければならない」

この「神社氏子取調についての布告」には、守札について、出世時に受けて死亡時に返却するまで細かく規定しています。この国に生を受けた者はすべて、神社氏子として生涯を通さねばならないという強制的指示です。江戸幕府は寺請制度《てらうけせいど》をしいて、すべての者はどこかの寺の檀家になるようにしていました。寺には宗門人別改帳《しゅうもんにんべつあらためちょう》を置かせ、檀家の管理をさせていました。それに重ねるように、今度は神社の氏子になることを強要しました。一八七二（明治五）年に作られた壬申戸籍には、どこの寺院の檀家でありどこの神社の氏子であると併記されました。この時から日本人の宗教観に、寺の檀家と神社の氏子が、自分の中で同列に二つ並ぶ感覚が定着していったのだろうと思います。

また同一八七一（明治四）年。全国にある神社をすべて社格付けして組織化しました。伊勢神宮は社格なしの最高の神社とされ、その下に官幣大社・中社・小社、国幣大社・中社・小社、そして地方の県社・郷社・村社とランキング付けされ管理されました。

それと同時に、各家々には神棚を置かせ、そこに伊勢神宮の大麻（お札）を入れて拝ませました。この時に、真宗門徒の家にも神棚が入り込むことになります。余談ですが、もう少しあとの戦時中に、特高警察（特別高等警察。国体護持のために、それに反する者を取り締まる秘密警察）による神棚設置状況を調査した資料を見たことがあります。各村ごとの戸数と神棚設置戸数が一覧表になっていました。ある村では極端に設置率が低く、備考欄に真宗の盛んな土地である旨が記されていました。この時点での本願寺は、もちろん本来の神祇不拝は放棄していましたが、形式的に礼拝の対象はアミダ仏のみという一線は保っていました。神棚を強要されたことに抵抗した門徒たちもあったようです。がしかし、多くの場合この時点で神棚を受け入れ、何の宗教的葛藤もなく時流に乗っていきました。

一八七二（明治五）年。神祇省を廃止して、教部省を置きました。明治政府は、新しくスタートした国家のあり方を国民に徹底するため、宣教使を任命しましたがうまくいきませんでした。

そこで新たに教導職を置いて、先の大教宣布詔に基づく国のあり方を、国民に教えようとしました。その内容は「三条教則」と呼ばれています。

●「一、敬神愛国ノ旨ヲ体スヘキ事
一、天理人道ヲ明ニスヘキ事
一、皇上ヲ奉戴シ朝旨ヲ遵守セシムヘキ事」

【意訳】
「一、神を敬い国を愛することを大事にすること。
一、自然の道理と、人として行うべき正しい道を明らかにすること。
一、天皇を謹んでいただき、その心に従わねばならないということ」

教導職には、神官・神職・僧侶などのほか、落語家・歌人・俳人なども任命されたと言います。そしてこの三点を語り教えさせたのです。逆に言うと、僧侶が仏教を説くことは認められなかったということです。また東京に大教院、各府県に中教院、各地に小教院をおいて、国民教化を徹底させようとしました。

■信教の自由は…？

特定の宗教を国の宗教とする。現在の日本国憲法においては、もちろんそんなことはありえないわけですが、明治期の大日本帝国憲法ではどうだったのでしょうか。

●「日本臣民ハ安寧秩序ヲ妨ケス及臣民タルノ義務ニ背カサル限ニ於テ信教ノ自由ヲ有ス」（「大日本帝国憲法」第二十八条）

【意訳】
「日本の臣民（天皇のもとでの国民）は、安寧秩序を妨げず、また臣民であることの義務に背かない限りにおいて、信教の自由を持っている」

ということになっていました。臣民の義務とは、先ほどの三条教則で説かれたような内容です。つまり敬神愛国の精神で天皇に従い、国策に従順である限りにおいて、信教の自由を許すというのです。およそ意味のない条文ですが、これでも後でお話しします島地黙雷などの努力があって勝ち取ったものであったのです。

さらに明治政府は、神社神道は宗教ではないという解釈をしていました。神道は国民の道徳であって、他の宗教の上に位置するものだというのです。ですから仏教徒であれ、キリスト教徒であれ、自分の宗教とは別に神社へは参拝しなければならないというのです。

そういう状況で、ほとんど強引に日本国民全員を神道信者として扱い、それによって精神的な統一感を生み出し、近代国家としての強い基盤を作ろうとしたのです。悲しいことに、それに対して強い抵抗を持つ者は、真宗の一部とキリスト教などの一部を除いては存在しなかったのです。

■真宗門徒からの抵抗

こんな史料があります。

●「もとより薩長ハ佛法に信仰これなくことさら浄土真宗を誹謗いたし異国人より切支丹邪法をうけつき候佛敵にまきれこれなく候…今日佛恩報謝のため身命をなけうつへき時来たり依て門徒中心をあはせ佛敵と見かけ候ハヽ二念なく打取り可申候…四月　門徒中」

【意訳】
「もともと薩長は仏法に信仰がなく、ことさら浄土真宗を誹謗し、外国からキリスト教という邪法を受け入れている。明らかに仏敵である。…今日、仏恩報謝のために命をなげうつべき時が来た。よって門徒中、心を合わせて、仏敵と見かけたら二念なく討ち取っていただきたい…
四月　門徒中より」

これは二葉憲香氏編「史料・日本仏教史」に、「北越真宗門徒檄文」として収録されているものです。一八六八（明治元）年四月のものだということです。三月には神仏分離令が出され、神道に基づく祭政一致の国家建設へ大きく動き出したさなかです。門徒のなかには「佛法すいびいたすへく哉と悲歎かきりなく候」と、大きな危機感を抱く人たちがいたようです。そしてこの檄文では、かつて顕如（石山戦争で信長と戦った本願寺十一代宗主）が鎧を着けて戦ったことを例に挙げ、今こそ命をかけて仏敵を討つべきであると訴えています。

これらの動きに対して同じ六月に、朝廷から真宗各派に対して、神仏分離は排仏ではないので、そのことを門徒によく説明して安心させよと、通達が出ています。そしてそれに呼応するように出されたのが、広如の「御遺訓消息」でした。

二　本願寺の姿勢

■王法の変化と、変わらぬ「仏法」

このような大きな時代の転換期の中で、廃仏毀釈の風潮を受けながらも、本願寺はしっかりと生き残っていきました。王法（政治体制）の中身が大きく変わったわけですけれども、王法を先ず立てながらそれに従い、それとは無関係に心の内深くで「信心」を喜ぶという「仏法」のありようは何も変わっていません。言ってみれば、どのような政治体制になろうが、それとは無関係に安定して存続できるのが、本願寺における「仏法」であり「真宗」であったわけです。

■広如消息

広如は幕末期から勤皇の姿勢を明確にしており、維新政府が成立するとそれを支えるべく本願寺を指導していきました。そして一八七一（明治四）年に出されたのが「広如御遺訓消息」と呼ばれるものです。自分は本願寺門主を継承してから、代々受け継がれてきた教えを間違えずに四十年余り教導してきた。しかしすでに老体になり死期も近いと思うので、息子に筆を取らせて一言言い残す。しっかりと聴聞してほしい。そういう前置きの後、次のような文がありますす。長い引用になりますが、この後の本願寺の方向を決定付ける重要な文面ですので、掲載したいと思います。

●「夫皇国に生をうけしもの皇恩を蒙らざるはあらず。殊に方今維新の良政をしき給ひ、内億兆を保安し外万国に対峙せんと、夙夜に叡慮を労し給へば、道にまれ俗にまれ、たれか王化をたすけ皇威を輝し奉らざるべけんや。況や仏法の世に弘通すること偏に国王大臣の護持により候へば、仏法を信ずる輩いかでか王法の禁令を忽緒せむや。是によりてわが宗におひては王法を本とし仁義を先とし、神明をうやまひ人倫を守るべきよしかねてさだめおかるゝ所なり、是れ則ち触光柔軟の願益によりて、崇徳興仁、務修礼譲の身となり候へば、天下和順、日月清明の金言に相かなひ、皇恩の万一を報じ奉ることはりなるべし。されば祖師上人は世の中安穏なれ仏法ひろまれとおもふべきよし示し給へり。しかるを仏教だに信ずれば、世教はさもあらばあれなど心得まどへるは悲しかるべきことなり。是によりて中興上人も王法をひたひにあて、仏法を内心にたくはへよと教へ給へり。其仏法といふは弘願他力の一法にして、兼々聴聞の通りまづわが身はわろきいたずらものなりとおもひつめて、もろもろの雑行雑修、自力疑心をすてはなれ、一心一向に阿弥陀如来後生御たすけ候へとたのみ奉る一念に弥陀はかならず其行者を摂取してすて給はず、我等が往生ははや治定し侍るなり。このうれしさをおもひ出でゝは、造次にも顛沛にも仏恩をよろこび、行住坐臥に称名をとなへ、如実に法義相続せらるべく候。希くば一流の道俗上に申すところの相承の正意を決得し、真俗二諦の法義をあやまらず、現生には皇国の忠良となり、罔極の朝恩に酬ひ、来世には西方の往生をとげ、永劫の苦難をまぬかるゝ身となられ候やう、和合を本とし自行化他せられ候はゞ、開山聖人の法流に浴せる所詮此うへはあるまじく候。かへすがへすも同心の行者繁昌せしめ候こそ老が年来の本懐に候へば、此消息も後のかたみとおもひ能々心をとゞめられ候やう希ふところに候也。あなかしこあなかしこ。

明治四辛未年初秋下旬

右消息者前住之遺訓而、祖師相承之宗義真俗二諦之妙旨也、浴一流輩本此遺訓進而者遵政令退而者弁出要候事可為肝要者也。

壬申春正月　　龍谷寺務釈明如」（『明如上人御消息集』）

【意訳】

「そもそも天皇様の国に生まれた者は、天皇様のご恩を受けていない者はありません。とくにこの度は明治維新の良き政治を始めてくださり、国内においては億兆の国民を守り、国外に向けてはすべての国にしっかり向き合おうと、日夜お考え下さっているのですから、僧俗問わず、誰か皇室を助け天皇様の威厳を照らさなくてよいという人があるでしょうか。いわんや仏法が世に広まることは、ひとえに天皇政府の護持があればこそですから、仏法を信ずる者はどうして政府から出された禁止の命令をおろそかにしていいことがありましょうか。これによって私たちの宗では、王法を根本として道徳を大事にし、神々を敬い世間の倫理を守るということは、かねてより定められているところです。これはすなわち、触光柔軟の願の利益によって、崇徳興仁務修礼譲の身となるのですから、天下和順日月清明の金言にも相応し、天皇様のご恩にほんのわずかでも感謝申し上げることになるのです。ですから祖師親鸞聖人は、『世の中が安穏になり仏法が広まってほしい』と思うべきであるとお示しくださっています。そうであるのに、仏教だけを信じていれば、世間の教えはどうでもよいなどと心得違いをしているのは悲しいことであります。これによって中興蓮如上人も『王法をひたいにあて、仏法を内心にたくわえよ』と教えくださっています。この仏法というのは弘願他力の教えであって、かねがね聴聞されているとおり、まずわが身は悪い心を持った虚仮なる者であると思いつめて、さまざまな雑行雑修や自力の疑心を捨て離れ、一心一向に阿弥陀如来に後生をお助けくださいと頼み込む一念があれば、阿弥陀如来は必ずその人を摂取して捨てられず、私たちの往生はその時に定まるということです。このうれしさを思うならば、ほんのわずかな時間すらも仏恩をよろこび、寝ても覚めても念仏を称え、そのとおりに教えを続けるべきであります。望むところは、この教えの流れを汲む人たちは、今申し上げたこれまで受け継がれてきた教えの正しい心をしっかり受け止め、真俗二諦の教えを誤らず、現実の社会にあっては皇国の忠義な国民となり、限りない天皇様のご恩に報い、来世には西方浄土への往生をとげて永遠の苦難を免れる身となられるよう、和合を大事にして自らが行じ他を導かれくだされば、親鸞聖人の教えに出会えた意味はこの上ないものになります。くり返し申し上げますが、同じ心の念仏行者が繁昌してくださることこそ、この年寄りの長年の望みでありますので、この消息も後の形見と思ってしっかりと心に留めてくださるよう願うところです。敬具。

明治四年辛未初秋下旬

右の消息は前住職の遺訓にして、祖師から相承された教えである真俗二諦の大切なお心である。この教えに出会う者たちは、この遺訓を本として、進んでは政府の命令に従い、退いては出離の要道を語ることを、肝要となすべきである。

壬申春正月　　　　　　　龍谷寺務釈明如　」

長文の引用で恐縮です。明治以降の本願寺の姿勢は、この一文に集約されていると言っても過言ではないと思います。簡単に内容を整理しておきますと次のような感じです。

①新しい天皇の時代になった。
②天皇はこの国のために日夜考えてくれている。
③この国に生まれた者は、天皇の政府を支えねばならない。
④とくに、仏教が広まるのも天皇政府のおかげだ。
⑤よって、政府が出す禁止の命令は守らねばならない。
⑥自分たちの宗旨では、王法を根本として道徳を大事にし、神々を敬い世間の倫理を守るということが、以前から定められている。
⑦このことは、仏の願によってりっぱな人間になることであり、経典の示す世の中のためにもなり、天皇のご恩に報いることになる。
⑧親鸞はそのことを「世の中が安穏になり、仏法が広まってほしい」と言っている。そ

れなのに、世間の教えはどうでもいいと言う人がいるのは悲しいことだ。
⑨蓮如は「王法をひたいにあて、仏法は内心に蓄えよ」と言っている。
⑩この他力の教えは、自分は悪い人間だと思い詰めて、ただ念仏を称えて「後生をたすけてください」と頼めば、アミダ仏に助けられる。そのうれしさから常に念仏を称えるようになる、というものだ。
⑪真俗二諦の教えを守り、現実の社会では天皇政府の忠実な国民となり、死んだら浄土へ往生して永遠に苦しみから離れる身となってほしい。
⑫この真宗が繁昌してほしいので、この手紙も形見と思ってしっかり読んでほしい。
⑬（明如の追伸として）この手紙は前住職の遺言であり、親鸞から受けついた真俗二諦の大事な心が説かれている。これを手本として、政府の命令に従い、またこの教えを伝え残さねばならない。

従来からの本願寺の伝統的な念仏理解を踏襲しながら、新しい天皇政権に忠実に従って生きるよう、本願寺門徒としての現実的在りようを示しています。とくに「皇恩」「朝恩」という言葉で天皇の恩を強調し、それに報いるのが「念仏」的生き方であるとしているのは注目すべきです。それまでの「ひたいにあてる」姿勢からより一歩前に出て、積極的に天皇政権を支える力になろうとする思いが表れています。また神祇にたいしても、これまでのような「軽んじない」とか「疎略にしない」という姿勢から、「神明をうやまひ」という表現に変わっています。それは「内心にたくわえる」ものとしての「仏教」と、現実世間を生きる者の務めとしての「世教」とを並列的に扱っていることからも伺えます。このあと明治政府が取り入れていった「神社非宗教論」を、先取りしていったものと言えます。

■真俗二諦

この消息でもっとも大事なことは、「真俗二諦《しんぞくにたい》」という言葉が使われていることです。覚如による本願寺の成立以来、王法と仏法という言葉で語られてきたことですが、ここでは門主の言葉として「真俗二諦」が使われ、しかもそれが「祖師相承之宗義真俗二諦」と親鸞さんから受け継がれたものであると語られていることです。

「真俗二諦」については、本願寺の戦争責任をお話しするときに、もう一度触れねばならないと思っています。ここでは簡単にその言葉の説明と、この消息での使用についてお話しておきたいと思います。

「真俗二諦」とは、「真諦」と「俗諦」の二つの「諦」という言葉です。「諦《たい》」という言葉は、「明らかにする」という言葉であり、仏教では「真理」と同じ意味で使っています。つまり、真理には「真諦」と「俗諦」と二つある、という言葉です。「真諦」という言葉のもともとの意味は、真理言葉では表現できない究極の真理というようなことです。それに対して「俗諦」とは、その真諦を言葉などによって表現したものと言えます。たとえばおシャカ様が悟られた真理そのものは真諦で、それを言葉によって表した教典は俗諦である、というようなことです。

ところが今この消息で使われている「真俗二諦」はまったく別物です。この消息だけでなく、本願寺の歴史において使われている「真俗二諦」はすべてそうです。どのような意味で使われているのかと言えば、次のようなことです。

「真諦」…仏教における真実。仏教のこと。
本願寺における一連の念仏理解の中では、「仏法」という言葉で語られてきたもの。

「俗諦」…世俗における真実。人間社会での法律や道徳など。
本願寺における一連の念仏理解の中では、「王法」という言葉で語られてきたもの。

そしてこの二つの「諦」はどちらも大事であり、どちらが欠けてもだめだということです。「二諦相資《にたいそうし》」「二諦相依《にたいそうえ》」という言葉で江戸時代から語られていたようです。存覚の「車の両輪のごとし、鳥の双翼のごとし」という例えがよく使われました。

今この消息では、「真俗二諦」が意味する内容として、「現生には皇国の忠良となり、罔極の朝恩に酬ひ、来世には西方の往生をとげ、永劫の苦難をまぬかるゝ、身とな」ることだと説かれています。内容的には、これまで語られてきた「王法を本とし仁義を先とし、仏法は内心に蓄える」ということと同じですが、この消息では現実における王法とは時の天皇その人であるということを、「皇国、皇恩、王化、皇威、国王、皇恩、皇国、朝恩」と何度もくり返すことで強調しています。そして「王法の禁令」を守ること、「政令に遵」うことが、真宗念仏者の現実社会における姿勢でなければならないと教えるのです。

このような本願寺の対応を評価して天皇は、一八七六（明治九）年に本願寺に対して「見真大師」（親鸞への諡号）を、一八八二（明治十五）年に「慧燈大師」（蓮如への諡号）を与えています。本願寺はそれを今もなお、大事に掲げているのです。

ちなみに、この消息は今も生きています。次の章でお話致しますが、二〇〇四年に本願寺派は、「宗令第二号、宗告第八号」というものを出し、形ばかりの戦後責任を取ったふりをしました。その中で、一九三一（昭和六）年から一九四五（昭和二十）年までに出された門主からの消息等は今後使わない、としました。ですからこの一八七一（明治四）年の広如の消息はその対象になっておらず、今も生きているのです。この消息を問うことなしに、本願寺の戦争責任は問えるはずはありません。

■「敬神愛国」

●「されば敬神愛国の誠意をつらぬかんには、容儀を以て本とするばかりにあらず、まことより神をうやまひ申すべく候」（明如消息　一八七二（明治五）年六月十五日）

【意訳】
「それゆえ、敬神愛国のまことの思いを貫くということは、形式的なことだけではなく、本心から神を敬うということです」

広如の意を受け継いだ明如は、神仏分離そして廃仏毀釈の時流の中で本願寺の存続をかけ、政府に対して全面的に従う姿勢を見せていきます。その中で神道に対しては、より徹底した「敬神」を説くに至りました。

■島地黙雷による建白

そういう状況の中で一方では、島地黙雷をヨーロッパに派遣し、「信教の自由」や「政教分離」についての状況を視察させています。この消息が出された一八七二（明治五）年は、先にお話しましたように三月に教部省が置かれ、四月には教導職が任命され三条教則による教化が始まっています。さらに十一月には大教院がおかれ、仏教各宗は神道国教化政策を推進するための道具として組み込まれていました。

それに対して異議を唱えたのが島地黙雷でした。一八七二（明治五）年十二月、ヨーロッパ視察先のパリで「三条教則批判建白書」が書かれます。政治と宗教とは別物であって混同してはならないと言い、三条教則を批判して政府による宗教政策の是正を求めたものです。続いて翌一八七三（明治六）年には「大教院分離建白書」を出しました。

●「伏請朝廷公正其間ニ偏頗ナク、各信教ヲ自在ナラシメ、臣等カ志ヲシテ官覊ヲ脱シテ之ヲ独立セシメ玉ハ、、朝廷自ラ用捨ノ権ヲ採ラスシテ僧侶自ラ興廃ヲ己ニ責メン」（島地黙雷「大教院分離建白書」）

【意訳】
「謹んでお願いいたします。朝廷は公正に、それぞれに偏ることなく、おのおのの信教を自在（自由）にして、私たちの志を受け入れ政府による縛りを外して独立させていただければ、朝廷自らが心配してくださらなくても、僧侶自身が自分たちの興廃を自分の責任とすることになります」

西欧の宗教事情を見聞しながら、「信教自由・政教分離」というものが近代国家においては当然保障されねばならないという視点を持ち、それをもとに明治政府に政策の是正を求めていったのです。それは単に宗教政策についてのみならず、「凡ソ人タル者ハ各自固有ノ権利ヲ保守シ、…他人モ決シテ之ヲ妨グベキ権利ナシ」（およそ人というものは各自が固有の権利をもっており、…他人も決してそれを妨げる権利はない）というように、思想信条の自由、あるいは基本的人権というような認識を踏まえたものであることがうかがえます。言い換えればそれは、国家を問う視点を持ったということであり、きわめて意義深いものであると思います。本来ならば、仏教によって自ずと開かれてくるはずの自律し自立する立場が、ヨーロッパの近代精神に触れる中で獲得され、それをすでに仏教ではなくなっていた本願寺へ持ち帰ったというのは、皮肉なものです。

そのような島地黙雷等の懸命な努力により、一八七五（明治八）年に政府は、大教院分離を許可し、また信教の自由を保障する口達書が出されました。信教の自由を与えるのであるから、宗教者は政治の妨害をせず、人々を導いて政府を翼賛すべきである、と注文を付けています。

そしてそれが、先にお話した一八八九（明治二十二）年の大日本帝国憲法第二十八条「日本臣民ハ安寧秩序ヲ妨ケス及臣民タルノ義務ニ背カサル限ニ於テ信教ノ自由ヲ有ス」につながるわけです。

三　「神社は宗教にあらず」

■伊勢神宮大麻拝受

明治から大正を経て昭和へと天皇主権政治は続きました。帝国憲法で条件付き形だけの信教の自由を認める一方で、「神社は宗教にあらず」という立場を鮮明にし、あらゆる宗教の上に位置させ、すべての国民に参拝を強要していきました。それに対して本願寺は、明確な批判の根拠を持ち合わせてはいませんでした。一九三〇（昭和五）年に真宗十派は、政府に対し「神社制度の上に神社非宗教の精神を徹底」することを求め、次のように真宗の教義上の立場を示したといいます。

一、正神には参拝し、邪神には参拝せず

二、国民道徳的意義に於て崇敬し宗教的意義に於ては崇敬する能わず

三、神社に向って吉凶禍福を祈念せず
四、此の意義を含める神社護札を拝受する能わず

つまり、神社が宗教ではないというのならば、参拝してもよいというのです。それは国民道徳であるからだと。しかし吉凶禍福の祈りごとはしない。神社のお札は、祈りの意味合いがあるので拝受しない、と。

ここに見られる本願寺独自の立場というのは、「祈りごとをしない」ということだけです。それだけは真宗の立場上受け入れられないが、それ以外は政府の言うとおり受け入れる、という姿勢です。言うまでもありませんが、これは詭弁です。アミダ一仏のみを礼拝の対象とする真宗が、神社信仰を受け入れていいのかという門徒や住職たちの疑問に対しての、苦し紛れの詭弁です。神社神道というのは、祈りごとをする宗教です。神社に参拝するけれども、祈りごとはしない。そんな理屈しか持ち合わせていなかったようです。

一九三四（昭和九）年に、ある寺の住職の問いに対して、本願寺派は次のように返答しています。

●「大麻拝受の儀は神宮神部署の解釈に従へば現今頒布せらるる大麻は皇大神宮の大御璽なりとのことなれば若し単に国祖の名字を記し以て国体観念の涵養に資するものなりとせば真宗に於ても拝受差支へなきも従来の歴史と云い現在の事実と云い大麻は祈祷の意味を含み居るものと認めらるれば無祈祷を標榜する真宗信徒としては拝受せざるを可とすと思料せらる」

【意訳】

「伊勢神宮のお札を受けるかどうかについては、神宮神部署《じんぐうかんべしょ》（伊勢神宮のお札や暦を製造販売した役所）の解釈によると、現在頒布されているお札は、伊勢神宮の大御璽《おおみしるし》（何度もお祓いをしたお札）のことだということで、もし単に国の祖（天照大神）の名を記して、国を思う心を養い育てるためのものであれば、真宗においても拝受することは差し支えないと思う。しかしながら、これまでの歴史といい現在の事実といい、伊勢神宮のお札は祈祷の意味を含んでいると認められるので、無祈祷を掲げてきた真宗信者としては拝受しないというのが良いと考えられる。」

結論は拝受しないということですが、その理由は祈祷の意味を含んでいるからだというわけです。祈祷の意味がなければ、伊勢のお札自体は、国を思う心（愛国心）を育てる意味で受け取ってもかまわないということです。当然のことではあるのですが、ここには国家を崇拝するということの煩悩性差別性を問う視点は、何一つありません。先に取り上げた一八七一（明治四）年の広如消息の路線が、しっかりと継続されているのが分かります。

そして一九三九（昭和十四）年には宗教団体法が成立します。「安寧秩序ヲ妨ゲ又ハ臣民タルノ義務ニ背クトキハ主務大臣ハ之ヲ制限シ若ハ禁止シ、教師ノ業務ヲ停止シ又ハ宗教団体ノ設立ノ認可ヲ取消スコトヲ得」（第十六条）。これを武器により一層宗教団体の管理統制弾圧を強めていきました。すでに大本教やほんみち、ひとのみち教団などが弾圧をこうむっていました。そんな中、真宗教団各派は翌一九四〇（昭和十五）年、伊勢大麻を拝受することを決めます。

●「真宗各派協和会

一、大麻は皇大御神の大御璽として配授せらるるものなるをもって、以て宗教の如何を問はず皇国の臣民たるものは報本反始の誠意を抽で等しく拝授すべきものなり

一、一般奉安の形式は特に適宜の施設を用い、不敬に亘らざるよう注意すべし

一、寺院にありては庫裡の適処に奉安すべし

一、敬神崇祖は国家彝倫の標準なれば宜しく其の本義を明確にして益々忠君愛国の至誠

を発揮すべし
本願寺勧学寮は右四ヶ条宗義上差支えなしとす」
この年、本願寺派は戦時教学指導本部を設置し、泥沼の戦争状況に溺れていきました。

第五章　戦争と本願寺

一　勝如消息

■戦争教団

人間社会の煩悩性を問う根拠としての仏教。それゆえにこの国においては、民族宗教としての神道を厳しく相対化するものとしてありました。それを捨てることで成立した本願寺は、これまで見てきましたように、煩悩渦巻く現実社会にずぶずぶと沈みこみながら生きてきました。そしてその成れの果てが、戦争の時代のおぞましい姿でした。

「あの時代の中では、やむを得ず巻き込まれていったのではないのですか?」研修会等で門徒方からよく聞いた意見です。そう思いたい気持ちは分りますし、現に本願寺派などは何とかそのような理解を示したいと今も言葉を駆使しています。しかし現実は「巻き込まれた」のではなくて、当初より全面的な戦争協力体制を進めていました。それは「戦争をするための教団」とでも言うべき姿でした。「国中がそうだったのだから、やむをえなかった」で済むのでしょうか。

■勝如消息

昭和時代の戦争期間中、本願寺派本願寺門主であったのは、勝如（大谷光照）でした。勝如が出した消息を読みながら、本願寺の戦争に対する姿勢を見ていきたいと思います。

●「夫れ御相伝一流の肝要は、（中略）摂取不捨の光益にあづかり、正定聚不退の位に住せしめたまふなり。このうへには広大の佛恩をよろこび、報謝の称名を怠らず、品行をつつしみ、職務を勉励し、公徳を重んじ、国家の安寧、社会の幸福を増進せらるべく候。是れ即ち宗祖聖人より瀉瓶相承せる真俗二諦の遺訓にして、寔にこれ宗門不易の教規なり。冀くは一宗の門葉、皆その心を一にして自行化他の道に寸毫の謬なく、飽くまで宗風を宣揚して、以て佛祖報恩の営みにそなへられたく、これ予が継職の始めに方り、念願の至りに堪へざる所に候也。

昭和二年十月二十二日

龍谷第二十三世寺務大谷光照　」

【意訳】

「そもそも私たち一門に相伝されている教えは、（中略）摂取して捨てないという仏の利益をいただき、必ず仏になる身に定められるということだ。この上には、広大な仏恩を喜び、報謝の念仏を怠らず、品行をつつしみ、職務に励み、道徳を重んじ、国家の安寧、社会の幸福増進に貢献することである。これは宗祖親鸞聖人から伝授されてきた真俗二諦の教えであり、まことにこれは宗門の不変の教えだ。こいねがわくば、一宗の門徒たちが、皆その心を一つにして自行化他の道に少しの誤りもなく、あくまでも教えの心を宣揚して、仏恩に報いる営みを続けていただきたい。これが私の継職に当たっての、念願するところだ」

勝如は二十二代門主鏡如（大谷光瑞）の弟の子です。母は大正天皇皇后の妹です。一九二七（昭和二）年に二十三代門主を継いだときの消息がこれです。この時代の本願寺派は、一八七一（明治四）年の広如遺訓消息が思想的基盤になっていることは、すでにお話しました。この消息では「宗祖聖人より瀉瓶相承せる真俗二諦」というように、真俗二諦の教えが親鸞さんから始まったものとされています。

このとき勝如は十七歳。この十年後の一九三七（昭和十二）年十一月から、勝如は上海と南京へ皇軍慰問に出かけています。時は折りしも、南京事件の真っ最中。勝如はそこで何を見たのでしょうか。人と人が憎しみあい殺しあうことの悲しみを、ほんのわずかでも感じたのでしょうか。彼の「内心の仏法」にとっては、やはり無関係だったのでしょうか。次の消息はその五年後のものです。

●「伏して惟みるに、皇威八紘を掩ひて興亜の大業日に進み、戦果高く揚りて士気益々振ふ。然れども肇国の大理想を達成せんは前途尚遼遠にして民心の緊張愈々その度を加ふべきの秋なり。すでにして我等王法為本仁義為先の宗風を伝承す、平生業成の宗義炳乎として明かに、往生の大事は現前に決定し、現生已に大慈悲懐の中に在り、今日何ぞ生死を論ぜんや、唯無我報恩の念より粉骨砕身皇化翼賛の大義に殉ずべきなり」（一九四二（昭和十七）年九月十五日）

【意訳】

「つつしんで思うことには、天皇様の働きは世界に広がり、アジアを一つにして治めるという大きな仕事は日に日に進み、戦争の成果も高く揚がって兵隊たちの気持ちも益々高ぶっている。しかしながら建国の大理想を達成するには前途ははるかに遠く、国民の心の緊張感はいよいよその度を加えるべき時である。すでに私たちは王法為本仁義為先の宗風を伝承している。平生業成の教えはきわめて明らかであり、往生の大事はすでに決定して、今この命はすでに大慈悲の懐の中にある。今日、どうして生死を論ずる必要があろうか。ただ無我の心で報恩の思いから、粉骨砕身皇民化政策を進めるという大義に命を落とすべきである」

「大東亜共栄圏」や「八紘一宇」といった言葉がさかんに使われました。欧米諸国がアジアへ入り込むのを防ぐために、日本が中心になってアジア全体を統治するという考え方です。それは単に国土を奪うということだけではなく、その国の歴史文化を含め、民衆の精神面までをも奪うということでした。それを皇民化政策とよんでいました。具体的には、日本語を強要し、各地におびただしい数の神社を建て参拝を強要しました。奉安殿を設置して教育勅語を強要し、日の丸君が代、宮城遥拝を強要しました。簡単に言えば、すべて日本人にしてしまえということです。

本願寺のアジア諸国への進出は、その日本の帝国主義的侵略と足並みをそろえて進められました。本願寺派が出版した『ブックレット基幹運動№一〇「写真に見る戦争と私たちの教団〜平和を願って〜」』には、次のように記されています。「一九四二（昭和十七年）には本派開教寺院が樺太・台湾・朝鮮・満州等を含め四二〇にのぼった。日本軍の占領地にまず出張所・布教所ができ、皇民化政策などの一翼もになった」。各地に別院や寺院が建てられ、そこへ従軍僧や従軍布教使が派遣されました。また日本語学校も運営したようです。

そのころの勝如の消息です。ここでは、日本の侵略戦争という「大業」は順調に進んでいるが、まだまだこれからが大事なところだと言い、そのために自分たちにできること、やるべきことは何かを説いています。その中で、すでに往生は決定し大慈悲心の中にいる、今さら生死を論ずる時ではない。今やるべきことは、「皇化翼賛の大義に殉ず」ることだと言っています。明如の歌として伝えられている「後の世は弥陀の教えにまかせつつ、生命《いのち》を君に安くささげよ」を思い出します。「無我」や「報恩」といった言葉を使いながら、まったく裏腹な国家執着による殺戮行為を推奨しているのです。

■「一死君国に殉ぜん」

●「凡そ皇国に生を受けしもの、誰か天恩に浴せざらん。恩を知り徳に報ゆるは仏祖の垂訓にして、またこれ祖先の遺風なり。各々その業務を恪守し、奉公の誠を尽さば、やがて忠君の本義に相契ふべし。殊に国家の事変に際し、進んで身命を鋒鏑におとし、一死君国に殉ぜんは誠に義勇の極みと謂つべし。一家同族の人々には、さこそ哀悼の悲しみ深かるべしと覚ゆれども、畏くも上聞に達し、代々に伝はる忠節の誉を喜び、いやましに報国の務にいそしみ、其の遺志を全うせらるべく候。それにつけても、弥陀の大悲は信心開発の一念を以て往生治定の時刻と定め、現生より正定聚の大利を得しめ給へば、倶会一処の巨益空しからず、涅槃大楽の極果も成じつべし。されば門葉の面々いよいよ一流相伝の教旨を実践し、天晴れ如実の行者として、国家忠良の臣民たるに恥ぢざるやう希ふ所に候なり。あなかしこあなかしこ」（『殉国章』一九四三（昭和十八）年ごろ）

【意訳】

「おおよそ皇国に生まれた者で、天皇様の御恩を受けていない者があるだろうか。恩を知り徳に報いるというのはおシャカ様の教えであり、また先祖の残された心でもある。一人ひとり自分の仕事をつつしんで守り、奉公の誠の心を尽くせば、それが天皇様への忠義になるのだ。ことに国家の事変に際して、進んで命を戦場に落とし、天皇様の国のために死ぬことができれば、義勇の極みと言うべきである。家族や親族にとっては哀悼の悲しみがさぞ深いことと思うが、おそれ多くも天皇様に聞き届けられ、代々に伝えられる忠節の名誉であることを喜び、いよいよ報国の務めにはげみ、戦死者の遺志を全うしてほしい。それにつけても、アミダ仏の大悲は信心開発の一念の時を往生が定まる時と定め、現生からいずれ仏になるという大きな利益をいただくのであるから、再び同じ浄土で会えるという大きな利益は間違いなく、悟りを開くということにもなるのだ。そうであるから、一門の面々はいよいよ自分たちに伝えられている教えを実践し、見事にまことの念仏行者として、国家に忠実な臣民として恥じないように願うところである。敬具」

『殉国章』と呼ばれた消息です。ここではあからさまに、戦場で天皇のために死ねと説いています。「畏くも上聞に達し、代々に伝はる忠節の誉を喜び、いやましに報国の務にいそしみ、其の遺志を全うせらるべく候」という一文は、靖国の英霊顕彰という思想そのものです。戦死は英霊という優れた死であり、それは名誉であると。残された者は、戦死者の遺志を受け継いでその後に続かねばならない、というものです。そうであれば、「倶会一処（阿弥陀経にある言葉で、浄土で共に会うという意味）」は「靖国で会おう！」と同義です。このような消息を使いながら、この時期各地で「立信報国」のスローガンの下、特別法座が数多く開かれました。

本願寺教団の罪の大きさは計り知れません。

ちなみに、本書で何度か引用してきた本願寺派発行の『本願寺年表』は、一九三三（昭和八）年で終わっています。一九八一（昭和五十六）年の出版であるにもかかわらずです。自らの負の歴史にこそ、真摯に目を向ける必要があるのではないでしょうか。

■「驕敵撃滅ニ突進スベキ」

戦時中に出された勝如の消息の最後は、敗戦の年になった一九四五（昭和二十）年五月二十一日付けのものです。敗戦を目の前にした悲壮感から、言葉が激情しているのが分ります。

●「戦局愈々重大にして皇国今や存亡の関頭に立てり。一宗挙げて国恩に報ゆるのとき今日を措いてまた何れの日にかあらむ。抑々宗祖聖人に、朝家の御ため念仏まうすべきよしの御勧化あり。されば真宗念仏の行者かかる皇国の一大事に際しては宜しく眼中に一身なく、家なく、己を忘れ家を捨て、ひたすら念仏護国の大道を邁進すべきなり。慶ばしいかなわれらすでに如来選択の願心によりて広大難思の大信を決得す。信は力なり。一切の有碍にさわりなし。祖師聖人はかねて念仏者は無碍の一道なりとも示したまひ、また大悲の願船に乗じて光明の広海に浮びぬれば至徳の風静かに衆禍の波転ずとも諭しおきたまへり。洵に念仏の大行は千苦に耐へ万難に克つ。国難何ぞ破砕し得ざることあらむや。遺弟今こそ金剛の信力を発揮して念仏の声高らかに各々その職域に挺身し、あくまで驕敵撃滅に突進すべきなり。わけても教導の大任を負う一宗の僧侶は、率先門徒の陣頭に立ち粉骨砕身衆を率いて奉公の誠を致し、以て皇国護持の重責を完うせらるべし。希くは一流の道俗相ともにたずさへて信火に燃え、挙宗一体国難を荷負して皇恩の万一に答へたてまつらむことを、かえすがえすもおくれをとりて六字のみ名をけがすことなからむよう切に望むところに候なり。

昭和二十年五月二十一日」

【意訳】

「戦局はいよいよ重大になってきて、皇国は今や存亡の瀬戸際に立っている。一宗を挙げて国恩に報いる時は、今日をおいていつあるだろうか。宗祖親鸞聖人のお言葉に『朝家の御ため念仏申すべき』という教えがある。であるから真宗念仏の行者は、このような皇国の一大事に際しては、当然ながら眼中に自分のことは考えず、頭に自分の家のこともおかず、自分を忘れ家を捨てて、ひたすら念仏を称え国を護るという大事に邁進すべきだ。喜ばしいことに私たちは、すでに阿弥陀如来の本願によって広大なこの上ない信心をいただいている。信は力である。どのようなものにも妨げられることはない。祖師親鸞聖人はかねて『念仏者は無碍の一道なり』とも示してくださり、また『大悲の願船に乗せられて光明の海に浮かぶ身になれば、この上ない徳の風が静かに吹いて、どんなわざわいの波も静かに治めてくださる』とも教えてくださっている。まことに念仏の道は千苦に耐え、万難を乗り越えることができる。この国難もどうして打ち砕くことができないことがあろうか。聖人の弟子である私たちは、今こそ揺るぐことのない固い信心の力を発揮して、念仏の声を高らかにあげ、それぞれがその持ち場で身を尽くし、最後まで徹底的に驕れる敵を撃滅するために突進すべきである。特に教導の大任を背負っている一宗の僧侶は、率先して門徒の先頭に立ち、粉骨砕身人々を率いて奉公の姿勢を示し、皇国を護持するという重責を全うしなければならない。願うところは、浄土真宗一流の僧侶も門徒も、ともに相携えて信心の火に燃え、宗を挙げて一つになってこの国難を背負い、皇恩の万一にでも答えてほしいということだ。くれぐれも、遅れをとって六字の御名を汚すことのないように、切に望むところである。

昭和二十年五月二十一日」

この年三月には東京大空襲があり、四月にはアメリカ軍の沖縄本島上陸が始まっています。まさに存亡の危機が目の前に見えた状況の中で、本願寺門主はこの消息を出すのです。もう自分のことは何もかも捨てて、国のために身を尽くせと訴えています。

「驕敵撃滅に突進すべし」という言葉は、何度読んでも心に響きます。これが曲がりなりにも仏教者を名乗る者の言葉なのだろうかと。親鸞さんの教えを語る者の言葉なのだろうかと。「念仏の声」を「驕敵撃滅」の道具として扱うこの消息は、本願寺教学のたどり着いた終着点です。

そして現在の本願寺派のこの消息に対する扱いは、「今後これを依用しない」（二〇〇四年五月二十四日宗令第二号）ということのみです。そのことについては後で詳しくお話しますが、「これらの文書を慚愧の対象とし……依用しない」と記者会見して、「戦後責任を明確にしました」で終わりました。なぜそれが慚愧の対象であるのか。どこがどう問題であったのか。なぜそうなったのか。何も問われないまま、何も議論されないまま、幕引きを行いました。この消息の問題性は何も清算されないまま終わったのです。

このことは何を意味しているのかと言いますと、本願寺教学のたどり着いたこの悲しき終着点と、同質のものを今も抱えているということです。戦争教団は解体されていないということです。

■「朝家の御ため」

この消息で引用されている親鸞さんの言葉について、少しお話しておきます。まず親鸞さんの書かれた原文をご紹介します。

●「御文のやう、おほかたの陳状、よく御はからひども候ひけり。うれしく候ふ。詮じ候ふところは、御身にかぎらず念仏申さんひとびとは、わが御身の料はおぼしめさずとも、朝家の御ため国民のために念仏を申しあはせたまひ候はば、めでたう候ふべし。往生を不定におぼしめさんひとは、まづわが身の往生をおぼしめして、御念仏候ふべし。わが身の往生一定とおぼしめさんひとは、仏の御恩をおぼしめさんに、御報恩のために御念仏こころにいれて申して、世のなか安穏なれ、仏法ひろまれとおぼしめすべしとぞ、おぼえ候ふ。よくよく御案候ふべし。このほかは別の御はからひあるべしとはおぼえず候ふ」（親鸞さんのお手紙）

【意訳】

「お手紙のようす、大体の陳状、よくお取りなしくださいました。うれしく思います。結局のところ、あなただけに限らずお念仏を申す人々は、ご自分自身の目的は思わなくても、社会的な問題のため、人々のために、お念仏を申してくださることが、喜ばしいことであるのです。（ご自分の）往生が定まらず心配に思われるお方は、まずご自身の往生のことをお考えになってお念仏を申してくださいませ。ご自分の往生について間違いないと思われた方は、アミダ仏の御恩を思うにつけて、御報恩のためにお念仏をお心に入れて申して、世の中が安穏であってほしい、仏法が広まってほしいと考えるべきであると思ってください。念には念をいれてお考えください。このこと以外には、特別にお考えいただくことがあるとは思いません」

これは性信坊に宛てた親鸞さんのお手紙の一節です。文面に「陳状」とあるように、裁判に関する内容です。「陳状」というのは原告の訴状に対する被告からの反論です。この裁判についで詳しくは分りません。しかしこの手紙の前半で、「この訴訟問題は、あなたお一人の問題ではありません。お浄土を願うすべての念仏者の問題なのです。このことは、法然上人のおられた時に、この私たちがさまざまに言われたことなのです。とくに新しい訴えではないのです」と書いておられることから、念仏を批判し押さえ込もうとする権力側からの訴えであろうと思われます。この手紙では、性信坊が適切に対処してくれたことを喜んでおられます。そしてその中でとても重要なことを書いておられるのです。それがこの勝如消息で引用されている「朝家の御ため」という言葉です。

「朝家《ちょうか》」という言葉は、古語辞典を見ますと「皇室。天皇」とあります。しかし親鸞さんはこの言葉に「おほやけのおんためとまうすなり」という左訓（難しい言葉の左側に入れた説明文）を付けておられます。「おほやけ」は「公」で、古語辞典を見ると三つの意味が記されています。

①朝廷。政府。
②天皇。皇后や中宮を含むときもある。
③公的なこと。社会的なこと。表向き。

そしてとくに③は、「おほやけわたくし」（公私）という対比で使われることが多いのです。このお手紙でも、「わが御身の料」と対句で「朝家の御ため」が使われています。ですからここでは③の意味で受け止めるのが適当であると思います。さらには続いて念を押すように「国民のため」という言葉があり、①や②の意味で書かれたとは考えにくいものです。しかも「国民」にも左訓があり、「くにのたみ、ひゃくしょう」と書かれています。つまり「わが御身の料」

と対比されて「朝家の御ため国民のため」があるわけです。「自分自身のためではなく、ひろく社会の民衆一人ひとりのためにこそ、念仏は称えられるべきものだ」という親鸞さんのお言葉だと受け止めるべきです。そしてその後に、とても有名な言葉ですが、「御報恩のために御念仏こころにいれて申して、世のなか安穏なれ、仏法ひろまれとおぼしめすべし」と続きます。

念仏は、いや仏教というものは、いまさら言うまでもないことですが、私という一人の命を問題にするものではありません。私の命は、十方衆生というありとあらゆる命のつながり合いの中に存在しています。その命のつながり、関係に気づき、もう一度それを作り直すことで、人間としての本来の喜びを見つけ出そうとするものです。このお手紙で親鸞さんはそのことに触れておられるわけです。念仏は自分ひとりのためではなく、社会全体の問題、大勢の民衆たちみんなのためを考える道だと。そのことを願い続けるアミダ仏のご恩を思うならば、世の中が安穏になるようにと願うようになるのは当然だとおっしゃりたいのでしょう。そのような念仏の道は、現実の権力社会の中では良からぬものとして叩かれ続けるのです。性信坊がご苦労された裁判も、そのようなものだったのではないでしょうか。

さて、その大切なお言葉を、この勝如消息では、戦争遂行の道具として使うのです。言葉がありません。

二　戦時教学

■戦時教学

「戦時教学」という言葉が使われることがあります。新しい教学が作られたというわけではありません。これまでお話してきましたように、本願寺成立時から基本的な念仏理解は何も変わっていません。明治大正昭和の戦争の時代も、覚如存覚や蓮如などと同様の念仏理解を持ちながら本願寺は生きています。ただ、戦争という特殊な状況の中で、それに合わせた教学表現をさまざまに行ってきたわけです。それらについてはさまざまな論考も出されています。ここでは資料として二つご紹介したいと思います。

■「拝読セザルコト」

一九四〇（昭和十五）年に出された「『聖教の拝読並びに引用の心得』に関する通達」というものがあります。親鸞さんの書かれた言葉などを読むときの注意が書かれています。つまり「ここは読むな」とか、「読み替えろ」とか、「空白にしろ」というような内容です。十三か条あります。

●「

一、イ　教行信証行巻ノ「是以帰命者本願招喚之勅命也」
ロ　教行信証信巻ノ「招喚諸有群生之勅命」
ハ　浄土文類聚ノ「奉持如来教勅」
ニ　同　「超捷易往之教勅」
ホ　同　「招喚諸有衆生之教勅」
右ノ中ノ「勅命」「教勅」ハ引用ノ際ハ「恩命」若クハ「教命」トナシ「恩命」、「教命」若クハ「オホセ」ト拝読スルコト

二、イ　教行信証化巻ノ「菩薩戒経言、出家人法不向国王礼拝、不向父母礼拝、六親不務、鬼神不礼」ハ引用若クハ拝読セザルコト

三、イ　教行信証流通分

ロ　御伝鈔下巻

右ノ中「号後鳥羽院」、「号土御門院」及「号佐渡院」ノ「号」ハ「号シタテマツル」ト拝読スルコト

四、イ　教行信証流通分ノ「主上臣下背法違義成忿結怨」

ロ　御伝鈔下巻ノ「主上臣下法ニ背キ義ニ違シイカリヲナシアタヲムスブ」

右二文ハ空白トシ引用若クハ拝読セザルコト

五、イ　教行信証流通分ノ「不考罪科猥」

ロ　御伝鈔下巻ノ「罪科ヲカンガヘズミタリカハシク」

右二文ハ引用若クハ拝読セザルコト

六、イ　教行信証流通分
ロ　御伝鈔下巻
右ノ中ノ「今上」ハ、「今上天皇」ト拝読スルコト

七、イ　教行信証流通分
ロ　御伝鈔上巻
ハ　報恩講私記
ニ　御文章第三帖
右ノ中ノ「真影」ハ「影像」若クハ「ミスガタ」ト拝読スルコト

八、イ　御伝鈔上巻第三段（六角夢想段）
ロ　下巻第四段（箱根霊告段）
ハ　下巻第五段（熊野霊告段）
右ノ三段ハ拝読セザルコト

九、イ　御伝鈔上巻「聖徳太子親鸞上人ヲ礼シ奉リテ曰」ハ空白トシ引用拝読セザルコト

十、イ　御伝鈔下巻「陛下叡感ヲクダシ」ハ「陛下叡感ヲクダシタマヒ」ト拝読スルコト

十一、高僧和讃二首

イ　現空勢至ト示現シ
　アルイハ弥陀ト顕現ス
　上皇・群臣尊敬シ
　京夷庶民欽仰ス

ロ　承久ノ太政法皇ハ
　本師源空ヲ帰敬シキ
　釈門儒林ミナトモニ
　ヒトシク真宗ニ悟入セリ

十二、正像末和讃一首

イ　救世観音大菩薩
聖徳皇ト示現シテ
多々ノゴトクニステズシテ
安摩ノゴトクニオハシマス
右三首ノ和讃ハ一般ニ拝読セザルコト

十三、今後聖教若クハ祝辞弔詞ノ朗読、又ハ説教講演等ニ於テ、皇室ニ関スル辞句ニ接スル場合ハ、特ニ威儀ヲ正シクシ一礼シテ敬意ヲ表スベキコト

以上　」

一は、「勅」は天皇について使う言葉であり、アミダ仏について使ってはならないということです。この一点ですら、アミダ仏の上に天皇を位置付けていることが分ります。

二は、とても大事な菩薩戒経の引文です。もちろん「国王不礼」がNGです。

三から六までは、教行信証の執筆目的の原点でもある承元の法難についてのものです。特に

四の「主上…」については空白にせよと最も強い指示がされています。私が学生の時に買った『真宗聖教全書』で、この「主上」の二文字が空白になっていたのを思い出します。もちろん戦後の再版本です。当時まだ本願寺から正規の聖典が出版されておらず、すべての僧侶や学生がこれを使っていました。たとえ外部の出版社のものであっても、戦後三十年以上も放置しておく本願寺の姿勢が問われたものです。

七は、「真影」という言葉は天皇の肖像に使う言葉だから読み替えろというのです。

八は、本地垂迹のことです。神の元の姿が仏では具合が悪いので読むなというのです。

九は、皇族である聖徳太子が親鸞さんを拝むのでは上下関係が逆だから空白扱いです。

十は、天皇については敬語を使えと。

十一は、皇族たちが法然を尊敬や帰敬したのでは困ると。

十二は、聖徳太子が観音菩薩では困ると。

十三は、今後皇室に関する言葉を発する時には威儀をただし敬意を示せと。

現人神天皇を頂上にいただく国家神道に身も心もゆだねようとするとき、当然のことですが、親鸞さんの念仏はその根底から引っかかります。いや、念仏の教えははるか昔に壊してしまって引っかかりを解消しているのですが、ここでは親鸞さんの言葉自体が引っかかるというのです。そしてその引っかかりを解くために、親鸞さんの言葉を壊そうというのです。

念のために言いますが、本願寺派が派内の寺院・僧侶・門徒たちに出した文書です。外部から出されたものではなく、本願寺自身が自分たちが拠り所としている聖教に対して、このような指示を出しているのです。こうもずたずたに親鸞さんの言葉を傷付けて、いや壊して捨てて、それでも真宗僧侶真宗門徒でありますと言える心境が理解できません。少なくとも、自分自身が親鸞さんの言葉によって人間として救われたとか、導かれたという強い思いはないのだろうと思います。もしそういう思いがあるのであれば、いくら天皇に忠実にありたいという思いが強くても、ここまで親鸞さんを侮辱することには抵抗があるだろうと思うのですが…。

■「聖徳太子奉安様式」

もう一つご紹介しておきます。一九三九（昭和十四）年に「『聖徳太子奉安様式』を定めた達示」というのが出されています。真宗寺院の本堂には、聖徳太子の肖像が掲げられています。その掛け軸の掛ける位置についての変更指示です。次のようなものです。

●「達示
甲達第二十二号
末寺一般
今般聖徳太子奉安様式ヲ別記ノ通相定ム
昭和十四年九月十六日
執行長　本多　恵隆
(別記)
一、太子御影ヲ本堂内ニ安置スル場合ハ向ッテ右余間ニ奉安スヘシ
追而　七高僧御影ハ向ッテ左余間ニ安置ス
由緒宗主御影等安置ノ場合ハ其左側トス　」

余間《よま》というのは、内陣(本尊や親鸞さんなどの肖像が掛けてある部屋)の左右両側にある部屋のことです。聖徳太子の肖像掛け軸は、その向って右余間に掛けろ、という指示です。ちなみにそれ以前はどうであったのかと言いますと、次の資料をご覧ください。

●「太子・七高僧ノ御影ヲ両余間ニ安置スル場合ハ聖徳太子ノ御影ハ右余間(向テ左余間)ノ

壇上ニ安置シ、左余間（向テ右余間）ノ壇上ニ七高僧ノ御影ヲ安置ス。一方ノ余間ニ安置スル場合ハ左余間（向テ右余間）ニ安置シ、七高僧御影ヲ祖師ニ近ク安置ス。

（『法式紀要』一九三一（昭和九）年二月刊）」

つまり一九三一年の時点では聖徳太子の肖像は「向って左余間」に掛けていたものを、一九三九年から「向って右余間」に掛け直せということに変更したわけです。日本では唐の影響を受けて奈良・平安時代から左（向って右）が上でした。左大臣が右大臣より上であったわけです。ですのでここでの変更というのは、聖徳太子と七高僧のどちらが上か下かというと、これまで七高僧が上位の扱いを受けていたのを、この一九三九年から逆転させて聖徳太子を上位に置けという指示を出したということです。もちろん理由は、聖徳太子は皇族であるということです。七高僧はインド人や中国人もいるわけですから。

戦時中に本願寺派が指導した教学上の二つの変更指示をご紹介いたしました。これはほんの一例に過ぎませんが、教団内のあらゆる事柄について、天皇中心主義、皇国思想にもとづいて作り直していったと言ってよいと思います。こうやって教団全体が戦争体制を構築して戦い、そしてその結果、「敵・味方」ともにおびただしい戦死者を生み出し、日本は負けました。

三　敗戦と真俗二諦

■敗戦をまたいで何が変わったのか

大日本帝国は戦争に負けました。この国にとってそれは、明治維新に続いてのとても大きな転換点でした。帝国主義国家としてのあり方を清算しようとする空気が、それなりにあったはずです。しかしながらこの国のアンデンティティとしての神道、および祭政一致という思想性は、そう簡単に壊れるものではありませんでした。敗戦処理の中で、何はおいてでも天皇だけはまず確保したいという思いが、政権中枢にはあったようです。この一点が壊れない限りにおいて、この国の基盤は磐石でした。大日本帝国憲法から日本国憲法に変わっても、そこにはまず天皇が存在し、日本人にとっては相変わらず「この国の中心」として位置づけられているわけです。

さて、そのような時代の転換期において、本願寺教団はどうであったのでしょうか。これまでお話してきましたように、戦争に対しては全面的に主体的にかかわってきました。敗戦を境に教団内では何が変わったのでしょうか。また、何が変わらなかったのでしょうか。そのことを知ることによって、私たちは現在の本願寺教団のありようを厳しく問わねばなりませんし、そこに関わっている自分自身の足元を振り返らねばなりません。

■やはり真俗二諦

戦争を遂行するための教学的基盤が真俗二諦であることは、すでにお話して来ました。そしてそれが、覚如存覚あるいは蓮如によって説かれ続けた「王法・仏法」という念仏理解であり、本願寺の成立時からの一貫して変わることのない「教え」であったことも何度も確認してきました。

「真諦」すなわち「念仏」による死後の安楽世界への「往生」を説き、それによる精神的安心を担保したうえで、「俗諦」としての戦争行為へ門徒たちを引きずり込んでいく。広如の遺訓消息以来、本願寺教団が指導してきた内容はそれでした。

そしてその結末が敗戦であり、大勢の戦死者であり、国中の荒廃と混乱でした。その事実に対して、本願寺教団はどのように評価したのでしょうか。反省し、変わろうとしたのでしょうか。

■梅原真隆の例

この敗戦時をまたいだ時期に、本願寺教団内で指導的立場にいた教学者の一人に梅原真隆がいます。彼の文章を読みながら、敗戦の前と後で何が変わり何が変わっていないのかを考えてみたいと思います。

●「いふまでもなく、日本の戦争は、それが、天皇陛下の御名によつて進めらるゝのであるから正しい。すなはち聖なる戦である。これはわれら国民の信念であり、実に日本の基本性格である。こゝに日本の戦争観の根底がある。そしてそれは大乗仏教の精神と一致するものである」（一九三九（昭和十四）年　梅原真隆『興亜精神と仏教』）

「仏教は戦争を肯定するのか否定するのか」という問いに対して、戦争には正しい戦争と正しくない戦争があり、正しい戦争は肯定され正しくない戦争は否定されると説明し、その後にこの記述があります。日本の戦争は正しい戦争であり、その理由は天皇が進める戦争だからというのです。そしてそれは大乗仏教の精神と一致すると言うわけです。大乗仏教の精神と言うのは何かというと、慈悲であったり無我であるという言葉が使われます。

●「われらの一身を本能的な角度から固執することなく、己を忘れて身を献ぜねばならぬ。即ち利己と独断を払いのけ、私慾と我執をとりのけて、国家の細胞としての、本分を如実に活現すべきである。（中略）ことに、無我の体験に立てる大乗仏教徒は、その典型的な実践者でなくてはならない」（前掲と同じ）

梅原に限らず、戦時中はこの無我という言葉がよく使われたようです。私利私欲を離れて国家に尽くすことを無我だと言うのです。自国に執着することが煩悩であるという認識は、まったくなかったようです。ですから「興亜」という幻想に陥るのでしょうし、「正しい戦争」という戯論をもてあそぶのでしょう。

次にご紹介しますのは、同じ梅原の一九四五年の文章です。

●「近く実施せらるる新憲法の特徴は、種々数えられることであるが、中就、絶対平和主義に立脚せることはその尤なるものである。すなわち世界に類例のない戦争の抛棄を規定しているのである。（中略）再び戦争を繰返さないよう、その抛棄を全世界に向つて宣言すると同時に進んで世界平和の柱石としての理想的平和国家を確立しようとその覚悟を宣明したのである。（中略）その実現の為には国民がこぞつてその目的に向つてあらゆる努力を傾注しなくてはならない。仍ち世界的秩序を整備して戦争の起こらないような客観的組織を創建若くは強化すると同時に、どんな場合にも戦争を抛棄して生き抜くことの出来る高い生命力を発揮し得るよう精神生活の水準を格段に高めなくてはならない。ここに於いて『宗教』が新しい使命をもつて見直されねばならぬことになる」（一九四五（昭和二十）年『本願寺新報』）

新憲法の公布に先立ち、その精神とそれに対する仏教者としての対応について書かれたものです。これからはこの日本は世界に先駆けた平和国家を樹立するのであって、そのためにも宗教者はそれを支えるべく、「どんな場合にも戦争を抛棄して生き抜くことの出来る高い生命力を発揮」できるように精神水準を高める使命があると説いています。

先ほどの『興亜精神と仏教』から六年後の言葉です。語られている内容は、片や戦争賛美、片や平和主義。正反対のことが言われているわけですが、同じ一人の人物の内面において、敗戦というターニングポイントを経て、大きな変化が生まれたということでしょうか。もし戦争賛美から戦争忌避平和主義への思想的転換があったのであれば、そこには必ず前者に対する「否定」あるいは「懺悔」や「反省」がなければならないはずです。しかしここにはそれはありませんし、本願寺として戦争に対する反省の言葉が出てくるのは、もっともっと後です。

■「提灯に記号」

梅原と同じく戦中戦後に活躍した学者に普賢大円がいます。かれの一九五九年の著書の中に、次のような記述があります。真俗二諦の説明として分りやすいものだと思います。

●「真諦は如来廻向の法、俗諦は人間本有の理性によるものにして、その本質を異にするが、真諦は俗諦に対して薫発の作用をなすというのである。薫発とは信心を得れば法徳が内より生じて、人間固有の五倫五常の性を現行せしめる。例えば提灯に記号ありと云えども、暗夜にはこれを弁ぜないが、内に燭を点ずれば定紋鮮やかに見えるがごときをいう」(一九五九(昭和三十四）年　普賢大円『信仰と実践』）

ここにある「真諦は俗諦に対して薫発の作用をなす」という表現は、とても分りやすい説明であると思います。「如来廻向の法」としての真諦は心の内面に燭をともすけれども、それだけでは現実の社会生活に現れ出ることはなく、「人間本有の理性」による真実である俗諦があって初めて、それを生かす原動力としてその現実的意味を表す、ということのようです。それを「提灯の記号」で例えているわけです。

この言い方を借りて先ほどの梅原の二つの文を解釈すれば、こういうことになるかと思います。つまり一九三九年と一九四五年では、「提灯の記号」が違っているのです。俗諦の状況が違っているのです。「人間本有の理性」による「真実」が、前者は戦争であり後者は平和であるわけです。そして提灯の内側に点されている燭は、「念仏（信心）」という同一のものなのです。「提灯」は梅原であり、普賢です。「念仏」を称える「念仏者」です。「念仏者」としての一個の人間は、戦中も戦後も変わっていません。心の中の「念仏」も変わっていません。変わったのは社会の状況です。そして社会の状況に沿いながら、それを是として受け入れ、「提灯の記号」をそのまま鮮やかに映し出そうとする思想性も、何一つ変わっていないのです。それが真俗二諦という「念仏」の姿なのです。

四　戦後責任

■本願寺教団の戦後責任

戦後責任という言葉があります。戦争行為を行った人間に対して戦争責任が問われることと同様に、戦後を生きる人間に対しては戦後を生きる人間としての責任が問われると言うのです。自らの戦後責任が明確に問われてこないということは、戦争という人類最大の罪に対する認識が不十分なままであるということです。それはすなわち、次の戦争へのブレーキ機能を失っているということに他なりません。

一九七〇年代ころ仲間内では、名の知れた教学者たちの戦時中の書物のコピーが出回っていました。そしてその教学者たちが、自らの著書に対してなんらの反省も懺悔もしないまま、相変わらず教団内にしっかりと存在していることが問われていました。そのころすでにキリスト教からは戦争責任についての告白（一九六七年「第二次大戦下における日本基督教団の責任についての告白」）がありましたが、いったい本願寺教団からはいつそういうものが出るのだろうか、と話し合ったものでした。

■千鳥ケ淵全戦没者追悼法要

本願寺派では一九八一年から毎年九月十八日に、「千鳥ケ淵全戦没者追悼法要」が開かれるようになりました。東京都にある国立千鳥ケ淵戦没者墓苑は、国外で死亡した軍人や民間人の遺骨のうち、引き取り手のなかったものを納めています。まったくの無宗教の施設で、誰でもが自分の宗教に基づいて使用することの出来る追悼施設です。

本願寺派がここを会場に追悼法要を開くことになった背景には、靖国神社を巡る国家護持の動きがありました。ここでは靖国についての話は控えたいと思いますが、一九六九年から一九七四年にかけて「靖国神社国家護持法案」が五回国会に提出され、五回とも廃案になっています。その後自民党政府は公式参拝実現を当面の目標として運動を展開します。一九七八年には靖国神社へのA級戦犯合祀が問題になり、一九八〇年には「公式参拝は違憲の疑いを否定できない」という政府見解が出ます。そしてそんな流れを押し切るかのように無理やり強行されたのが、一九八五年の中曽根首相の公式参拝でした。

本願寺派はそれらの政府の動きに対して、真宗教団連合として国家護持反対の声明を出し続けています。もちろん靖国を明確に相対化する教学的根拠など、なにも成立していません。ただ世間の動きに対して他の宗教教団に足並みをそろえるのです。そんな中での千鳥ケ淵法要です。

この法要では門主が導師を勤め、法話がありました。一回目の法要で即如は、「戦争を美化することなく、過ちは過ちとして率直に認め」という言葉を出しました。たったそれだけですが、自らの戦争責任を認めた最初の発言であり、「やっと言えた」という変な感慨を持った覚えがあります。

■言葉は出るが…

その後一九八二年に門主の「平和を願う言葉」が出され、一九九一年には「わが宗門の平和への強い願いを全国、全世界に徹底しようとする決議」が宗会で出されます。そこでは次のような言葉がありました。

●「また、戦前・戦中を通じて、軍部を中心とした国家の圧力があったとはいえ、結果的に戦争に協力したこと、また教学的にも真俗二諦論を巧みに利用することによって、浄土真宗の本質を見失わせた事実も、仏祖に対して深く懺悔しなければならない」（一九九一年　第二二五回宗会決議）

「国家の圧力」に押された結果そうなった、と言い訳をしながらも、「戦争に協力したこと」「浄土真宗の本質を見失わせた事実」は認めています。もちろん実際のことを言えば、協力したというよりは、国家と二人三脚で戦争を遂行したようなものですし、真宗の本質を失ったのは何もこの時ではなくずっと前からであったわけです。ここで「真俗二諦論を巧みに利用」したという言い方をしていることにご留意いただければと思います。本願寺派はこのあと今日に至るまで、終始一貫してこの言い方を行っています。つまり、真俗二諦は戦争を行うために利用したもの、という理解です。「それは間違いでしたので、もうしません。ごめんなさい」という「反省」です。自分たちが抱えてきた「浄土真宗の本質」というものが、実は真俗二諦そのものであったという理解がまったくされていません。そこに光が当たらない限り、自分たちの戦争責任が何も見えていないのと同じです。

■「『戦後問題』検討委員会答申」

一九九五年七月に「戦後問題」検討委員会というものが設置されました。赤松徹真委員長の「経緯」によると、「戦争に関わる教団の諸事実を直視して、教団の『戦後問題』として今日の教団に関わる諸課題を明らかにすることを目的に」発足したとのことです。その後約六ヶ月にわたって各委員が史料収集、事実関係の調査、「戦後問題」の抽出を行い議論を重ね、一九九六年一月に三〇〇ページの資料と共に「『戦後問題』検討委員会答申」を基幹運動本部長宛に提出したということです。おそらく本願寺派が取り組んだ戦後責任を問うものの中で、唯一的を得たものと言えるだろうと思います。その中で、教団が何をしたのかということについて、次の十点を挙げています。

●「第一に、『ご門主消息・裏方訓諭、執行長訓告、達示』によって、『国体』の護持と侵略戦争を正当化し、翼賛への教導を行い、身をささげて国家に仕えることを教団の指針とした。

第二に、日本教学研究所・思想研究会・戦時教学指導本部などによる教学の刷新、『戦時教学』の形成にいわゆる『教学者』が深く関わり、教学的に戦争行為を肯定した。

第三に、大量の教団関係出版物による戦時翼賛の啓蒙・啓発活動を活発に行った。

第四に、仏教婦人会・仏教青年会・仏教少年会など教化団体が、戦時奉公活動を担った。

第五に、従軍布教ならびにアジア太平洋地域諸国に別院・寺院・布教所を開設しての「海外開教」が軍隊・兵士を支え、また植民地支配地域の宣撫活動の役割を担っていた。

第六に、集会（宗会）での議員による『戦時報国教団』に向けた建議は、戦争を推し進める国策に協力する教団の対応を促進した。

第七に、戦時状況に同調して宗門組織を改革し、『時局奉公事務所』『戦時宗門統監部』などを設置し、事実上、教団の国家付属化へ傾斜せしめた。

第八に、教団は文部省の所轄下に公認を受け、また宗教団体法の法統制下で法律の問題性を直視せず、国家を絶対化していた。

第九に、教団は明治以来の天皇制国家に随順し、『神道は宗教ではない』と国家の主唱する神道非宗教説に基づく国家神道を容認してきた歴史を有し、侵略戦争を正当化し、『国体』護持を教団の社会的役割の一つとしていた。

第十に、教団の基本的方針を教学的に保証していたのが『真俗二諦の教旨』であり、宗祖の教えを『護国の思想』『護国の念仏』というように国家主義的に理解していた」（一九九六年「『戦後問題』検討委員会答申」）

そしてそのことについて、次のように述べられています。

●「私たちはこのような教団の戦争協力の実態を、敗戦後から長年にわたって意識にのせないようにして来た。なぜなら総力をあげて戦争に協力したこと、戦争の加害者であること、仏教、浄土真宗の名のもとでそれらを行って来たことに、すぐには誠実な目を向けることが出来なかったといえよう。とくに教団の戦争責任を意識にのせることを困難にした一因は、戦時教学の骨格でもあった『真俗二諦の教旨』であり、敗戦後の本格的な教学的検証を等閑視したことが背景にあった」（同）

そのうえで、「過去を清算」することが前提であり、教団の「未来を開くためにも避けて通れない課題」として、次の各項を答申しています。以下の八点は要点のみ記します。

●「第一に、教団の戦争及び国家・社会との関係のありようを基礎づけてきた『真俗二諦の教旨』を問い直し、宗祖のお心に立ち返ろうとする教学の営みを共有するべきである。

第二に、必要な研修条件を整備し、戦時下の『ご門主消息・裏方訓諭、執行長訓告、達示』などの適切な取り扱いに取り組むべきである。

第三に、お聖教の不拝読の『心得通達』は、失効すべきである。

第四に、聖徳太子尊像安置をめぐる『達示』は、失効すべきである。

第五に、仏教婦人会・仏教青年会などの活動内容を検証し、現代の平和と人権に関わる多様な女性・青年・少年少女などの課題を協議すべきである。

第六に、一九七四年に発刊された『海外開教要覧』は侵略戦争に加担したことへの反省がみられない。早急に改訂版を発刊し、アジア・太平洋諸国の人々との交流に取り組むべきである。

第七に、教団が自らの戦争協力に関わる史料を収集公表して社会的責任を果たすための『平和センター』(仮称)を開設し、平和問題に取り組むべきである。

第八に、各教区組において平和の集いなどを開催し、非戦平和に向う取り組みを強化すべき

である」（同）

本願寺教団の犯した戦争責任を問い、戦後もそのことに真摯に向き合うことをせず、教学的検証も等閑視してきた責任を問うています。ただここでもやはり、「戦時教学の骨格でもあった『真俗二諦の教旨』」というような表現をしており、真俗二諦が戦時においてのみ誤って使われたようなニュアンスを残しています。このような言い回しで語られることによって、問われるべきは「戦時中の間違い」だけになり、それを生み出した本願寺教団そのものが問われる契機にはなりません。もちろん蓮如も覚如も俎上には上がってきません。以前、「今どき真俗二諦の話をする者はおらんだろう」と言った研修会講師がいました。戦争賛美や天皇万歳を語る僧侶はいないでしょう。しかし今もなお本願寺教団の中で語られている「念仏」は、「心の中の安らぎ」であったり、「いのちの尊さ」や「平和」を語りながら集団的自衛権には無頓着であったりするものです。それが真俗二諦であるという認識を持てないところに、真俗二諦への理解の欠如があるのです。右の課題の第一にある「国家・社会との関係のありようを基礎づけてきた『真俗二諦の教旨』を問い直し、宗祖のお心に立ち返ろうとする教学の営み」。それを親鸞さん以降、本願寺の成立時から今日までを根こそぎ掘り起こして、逐一検証するという方法で行う必要があるのです。

さて、本願寺教団の戦争責任および戦後責任がこの委員会答申によって示されたわけですが、問題はそれを教団当局がどう受け止め、どう応えたのかということです。

■「宗門の『戦争責任』を明確に」…したつもり

本願寺派では、二〇〇四年五月二十四日に「宗令第二号」と「宗告第八号」という二つの通知を出しました。全寺院宛に封書で通知が届きました。また『本願寺新報』の特集別刷りを発行し、教務所を通じて配布しました。

その見出しには、「基幹運動『非戦平和』の基本姿勢を具体化」「戦時下の『ご消息』は『依用しない』」「宗門の『戦争責任』を明確に」「記者会見で内外に発表」とあります。その発表された内容を見ていきたいと思います。総局見解は抜粋で紹介します。

●「宗令第二号」

このたび、宗門が一九三一（昭和六）年から一九四五（昭和二十）年にいたるまでの十五年にわたる先の戦争に関して発布した、消息・直諭・親示・教示・教諭・垂示などは、今後これを依用しない。

二〇〇四（平成十六）年五月二十四日

門主　大谷光真

総長　不二川公勝

総務　松原功人

総務　出口湛龍

総務　竹田空尊

総務　速水宗譲

総務　下川弘暎

宗告第八号

このたび、二〇〇四（平成十六）年五月二十四日付発宗令第二号による、『宗門が一九三一（昭和六）年から一九四五（昭和二十）年にいたるまでの十五年にわたる先の戦争に関して発布した消息などは、今後これを依用しない』とする主旨をふまえ、また『聖徳太子奉安様式』制定にかかる達示及び『聖教の拝読並びに引用の心得』通達にかかる総局の対応を明かにするために、ここに別紙のとおり『宗門における戦後問題への対応に関する総局見解』を告知する。

二〇〇四（平成十六）年五月二十四日

総長　不ニ川公勝
総務　松原功人
総務　出口湛龍
総務　竹田空尊
総務　速水宗譲
総務　下川弘暎

宗門における『戦後問題』への対応に関する総局見解（抜粋）

（前略）

ついては、本日、宗門の先の戦争にかかる責任を深く受け止め、宗門内外に対して宗門が発布したこれらの文書の検証をもとに、その見解を明かにするものであります。

一　戦時下に発布した『消息』などの取り扱い

二　一九三九（昭和十四）年九月十六日に発布（甲達第二十二号）の『聖徳太子奉安様式』を定めた達示
三　一九四九（昭和十五）年四月五日に発布の『聖教の拝読並びに引用の心得』に関する通達

上記一の、戦時下に発布した『消息』などの取り扱いについては、国策としての戦争に協力するものであったことを認め、これらの文書を慚愧の対象とし、全てのいのちを尊ぶ宗門としてこれを依用しないことを広く宗門内外に周知するため法的措置を講じたものであります。

また二、三については、宗門の最高法規たる『浄土真宗本願寺派宗法』が一九四六（昭和二十一）年九月十一日に発布、翌一九四七（昭和二十二）年四月一日に施行されており、その附則第一〇〇条において『本宗法発布以前に制定され、現に施行中の諸規則で、本宗法施行に際し、本宗法及びこれに基く諸規則に抵触しないものは、本宗法施行の日から一年以内、その効力を有する』との経過措置が講じられました。

従って、これ以前の一八八六（明治十九）年に発布された『宗制寺法』に基づく全ての諸規則は、遅くとも一九四八（昭和二十三）年四月一日には、全て失効しているものであります。（後略）」

■「なぜ？」のない「慚愧」

さて、門主名で出された宗令から見てみましょう。これは一九三一年から一九四五年までの十五年間に出された門主からの言葉を、今後は拠り所として使わないというものです。六十通あると説明に書いてあります。総局見解によると、「国策としての戦争に協力するものであ」り、「全てのいのちを尊ぶ宗門」から見ると「慚愧の対象」であり使わないことにした、ということです。

どこから始めたらよいのか迷うほど、問題だらけです。まず、国策としての戦争に協力したのは「なぜ」なのでしょうか？そういう時代だったからでしょうか？それでは再びそういう時代が来れば、やはり協力するのでしょうか？今は「すべてのいのちを尊ぶ宗門」であるけれど、戦時中は「すべてのいのちを尊ばない宗門」「敵という人間の命は殺せ！（驕敵撃滅せよ！）」という宗門でした。それはなぜなのでしょうか？親鸞さんを宗祖と仰ぎながら、どうしてそうなったのでしょうか？どこかで間違えたのでしょうか？いつから？なんで？……次々と？が出てきますが、それらが何一つ明かにされないまま「慚愧の対象」でしたというのは、変ではありませんか。
「今後これを依用しない」ということは、これまでは依るべきものとして用いていたということでしょうか？少なくとも戦後五十九年間、戦時中に勝如門主が出したこれらの消息が、何一つ否定も訂正もされずに生き残っていました。その間「慚愧」の思いはなかったのでしょうか？あったのなら、なぜそれを言うのに五十九年間もかかったのでしょうか？勝如自身からはもちろんひと言のコメントもなかったのですが、そのことはどう解釈すればよいのでしょうか？どうして一九三一年からの消息に限定したのでしょうか？それ以前の門主の消息は問題がないのでしょうか？

国策としての戦争に協力したのは一九三一年からではありません。一八七一年の広如遺訓消息が、その後の本願寺教団の方向を決定しました。天皇の軍隊による侵略戦争に本願寺が足並みを揃えて行進するようになる第一歩は、この広如遺訓消息です。戦争協力の消息を問題にしようとするならば、少なくともこの時点から始めなくては意味がありません。わずか十五年間のものに限定しようとする意図は何なのでしょうか。本願寺派としての恥ずかしい歴史的事実を、最小限に見せたいという思惑からでしょうか。

■意味のないごまかし

次の宗告という通知は、「『聖徳太子奉安様式』を定めた達示」と「『聖教の拝読並びに引用の心得』通達」について、実はすでに五十六年前に失効していました、というお知らせです。この二つの通達については、先に全文ご紹介いたしました。一九三九（昭和十四）年と一九四〇（昭和十五）年に出されたものです。どちらも戦時体制に迎合するために、親鸞さんの言葉などをズタズタに切り刻み踏み潰し、侮辱したものです。戦後もそれについて何ら検証することもなく、批判も反省もなく、放置してきました。そして二〇〇四年になって「実は五十九年前に…」というのです。

その根拠というのが、一九四六年発布の本願寺派宗法の附則だと言うのです。その内容というのは、こういうことです。新しい宗法が出来たので、これまでのもので新しい宗法に合わないものはもちろん即刻失効するし、特別問題ないものについても一年後には失効するものとする、と。これを基にして、先ほどの二つの達示・通達もこの時点で失効していた、と言うわけです。おそらく敗戦後五十九年もたってから「本日を持ちまして失効いたします」というのでは様にならないので、何か名案はないかと探したのでしょう。この附則を見つけて採用するのです。このようなその場しのぎのごまかしを行って、いったい何の意味があるのでしょう。いさぎよく五十九年間放置してきたことを認め、その自らの姿勢を厳しく問う営みを始めるべきではなかったのでしょうか。放置してきたことの言い訳すら無しに終わりでした。

■自らを問えない現実

言うまでもなくこの二〇〇四年の宗令宗告は、先にご紹介した「『戦後問題』検討委員会答申」(一九九六年一月)を受けての本願寺派としての行動でした。答申を受けてから八年かかりました。その間何をやっていたのかという説明があります。「この答申を受け、二〇〇三年十二月に宗門戦後問題検討委員会(委員長＝木下慶心宗会議員)が設置され、答申書に提示された八項目の課題について協議を行った。すでに対応されているものもあるが、その中で今日的に重要な課題となっている(中略)三項目について宗門として即急に解決すべきものとして協議を重ね、今年(二〇〇四年)三月二十六日に答申書を提出、これを受けて宗門の諸機関、委員会等の協議を経て、発布に至ったものである」と。

つまり一九九六年の答申を受けてから二〇〇三年までの間には何もなく、二〇〇三年に今度は宗会議員たちによるもう一つの検討委員会が作られ、今回の三点については「即急に解決すべきもの」として協議した、と言うのです。即急に解決すべきものの扱いとしてはいささか悠長すぎる感があります。研究者たちを中心にした検討委員会の答申を、そのまま宗政に反映することはできないということだったのでしょう。宗会を通すことですっかり骨抜きにされたようです。かくして本願寺派の戦争責任および戦後責任への取り組みは、この宗令宗告をもってすべて完了しました。例えばこの問題をテーマにした研修会が、教団主導で開かれたことはありませんでした。独自に取り組んだ教区はあったのかも知れませんが、本来ならばこれだけ大きなテーマであるわけですから、この宗令宗告を契機として、全教団挙げて研修すべきものではないでしょうか。

このような形で幕引きが行われたということは、幕の内に隠されたものの本質が問われないまま終わったということです。そのことが何を意味するのかは、「次の戦争」の時に明らかになるはずです。

五　今日の状況と本願寺

■安全保障関連法

「次の戦争」。私たち人間の煩悩性から言って、戦争という状況は極自然な平常的状態だと言ってもよいと思います。一つの戦争状況が終われば、すぐにまた次の戦争への道が作られ始めます。たとえ江戸時代のように戦争状況のない期間が長く続いたとしても、それはそれだけ大きな突出した力で抑え込んでいたのであって、逆に言えばそれだけ大きな反発力を溜め込んでいた状態であったわけです。先の戦争は一九四五年に終結しましたが、その後しばらくで「次の戦争」への準備が始められていきます。例えば靖国神社を再び国家護持して本来の姿に戻そうとする動きは、一九五二年の日本遺族厚生連盟（日本遺族会の前身）総会で提案されます。その後さまざまな紆余曲折を経ながら「次の戦争」への道は切り開かれ続けます。そして今日、その最終段階を迎えているわけです。その一つの大きな局面が、二〇一五年の安全保障関連法の成立でした。それまでの憲法理解を踏み潰して、集団的自衛権を認めていった「次の戦争」への大きな一歩でした。

この時に当たって、東西の本願寺教団からそれぞれコメントが発表されました。それをここでご紹介したいと思います。

●「安全保障関連法案に対する宗派声明発表

このたび、国会に提出された「安全保障関連法案」に対し、真宗大谷派では五月二十一日、宗務総長名による宗派声明を発表しました。

日本国憲法の立憲の精神を遵守する政府を願う

「正義と悪の対立を超えて」

私たちの教団は、先の大戦において国家体制に追従し、戦争に積極的に協力して、多くの人々を死地に送り出した歴史をもっています。その過ちを深く慚愧する教団として、このたび国会に提出された「安全保障関連法案」に対し、強く反対の意を表明いたします。そして、この日本と世界の行く末を深く案じ、憂慮されている人々の共感を結集して、あらためて「真の平和」の実現を、日本はもとより世界の人々に呼びかけたいと思います。

私たちは、過去の幾多の戦争で言語に絶する悲惨な体験をいたしました。それは何も日本に限るものではなく、世界中の人々に共通する悲惨な体験であります。そして誰もが、戦争の悲惨さと愚かさを学んでいるはずであります。けれども戦後七十年間、この世界から国々の対立や戦火は消えることはありません。

このような対立を生む根源は、すべて国家間の相互理解の欠如と、相手国への非難を正当化して正義を立てる、人間という存在の自我の問題であります。自らを正義とし、他を悪とする。これによって自らを苦しめ、他を苦しめ、互いに苦しめ合っているのが人間の悲しき有様ではないでしょうか。仏の真実の智慧に照らされるとき、そこに顕《あき》らかにされる私ども人間の愚かな姿は、まことに慙愧に堪えないと言うほかありません。

今般、このような愚かな戦争行為を再び可能とする憲法解釈や新しい立法が、「積極的平和主義」の言辞の下に、何ら躊躇もなく進められようとしています。

そこで私は、いま、あらためて全ての方々に問いたいと思います。

「私たちはこの事態を黙視していてよいのでしょうか」、

「過去幾多の戦火で犠牲になられた幾千万の人々の深い悲しみと非戦平和の願いを踏みにじる愚行を繰り返してもよいのでしょうか」と。

私は、仏の智慧に聞く真宗仏教者として、その人々の深い悲しみと大いなる願いの中から生み出された日本国憲法の立憲の精神を蹂躙する行為を、絶対に認めるわけにはまいりません。これまで平和憲法の精神を貫いてきた日本の代表者には、国、人種、民族、文化、宗教などの差異を超えて、人と人が水平に出あい、互いに尊重しあえる「真の平和」を、武力に頼るのではなく、積極的な対話によって実現することを世界の人々に強く提唱されるよう、求めます。

二〇一五年五月二十一日

真宗大谷派（東本願寺）宗務総長　里雄康意」

●「戦後七十年にあたって非戦・平和を願う総長談話

アジア・太平洋戦争の終結から、本年で七十年目を迎えました。先の大戦によって犠牲になられた世界中のすべての皆さまに対し、あらためて衷心より哀悼の意を表します。また、大切な方を失った方々の悲しみは、今現在も癒えることがありません。戦争は遠い未来の人々にまで、深い苦しみを与えるのです。

約二千五百年前、釈尊は「己が身にひきくらべて、殺してはならぬ。殺さしめてはならぬ」と説かれました。しかし、今なお私たちは、自分の都合の良いものには愛着を抱き、不都合なものには憎しみを抱くという、自己中心的な生き方をしています。共にかけがえのない命を受けながら、他者を認めることができず、争いあっているのです。いかなる戦争も、必ず、多くの命を奪います。そして、人と人が命を奪いあうことほど愚かなことはありません。

非戦・平和こそ人類の進むべき道です。

大谷光真前門主は、一九九七年三月二十日、本山・本願寺における基幹運動推進・御同朋の社会をめざす法要で、「すべてのいのちの尊厳性を護ること、基本的人権の尊重は、今日、日本社会の課題にとどまらず、人類共通の課題であり、世界平和達成への道でもあります」と述べられました。私たちは「いのちの尊厳性」が平和実現のキーワードであることを、今こそ認識すべきであります。

また、大谷光淳門主は、二〇一五年七月三日、広島平和記念公園における平和を願う法要で、「人類が経験したこともなかった世界規模での争いが起こったあと、七十年という歳月が、争いがもたらした深い悲しみや痛みを和らげることができたでしょうか。そして、私たちはそこから平和への願いと、学びをどれだけ深めることができたでしょうか」と述べられました。
現在、日本では、我が国の平和と安全保障を巡って、国会のみならず、全国各地で厳しい議論がおこなわれていますが、多くの国民が納得できるよう、十分な説明と丁寧な審議が尽くされることを願っております。私たち浄土真宗本願寺派でも、先の戦争の遂行に協力した慚愧すべき歴史の事実から目をそらすことなく、念仏者がどのように恒久平和に貢献しうるかについて、研究を重ねてきました。近々に、その成果『平和に関する論点整理』を中間報告として公表する予定です。これを機に、宗門内外の方々と共々に学びを深めることができれば幸いです。
戦後七十年を経た今、私たちは過去の戦争の記憶を風化させることなく、仏の智慧に導かれる念仏者として、すべての命が尊重され、自他共に心豊かに生きることのできる社会の実現に貢献すべく、歩みを進めてまいります。

二〇一五年八月十日

浄土真宗本願寺派　総長　石上　智康」

この二つのコメントをお読みになってどう思われましたでしょうか。私の所属しております本願寺派の「総長談話」では、「念仏者がどのように恒久平和に貢献しうるかについて」の「研究を重ねて」来て、近々その中間報告を公表する予定だと言うのです。「開いた口がふさがらない」というのはこういうことを言うのでしょうか。今目の前でこの国が大きく「次の戦争」への土足の一歩を踏み出そうとしている時に、ただいま研究中とは。敗戦から七十年間、いったい何を研究してきたのでしょう。そしていつになったらその研究は終わるのでしょう。どんな研究成果が残るのでしょう。

『宗報』二〇一五年十一・十二月合併号に、二十ページにわたって「平和に関する論点整理」が掲載されました。専如門主の消息を基本姿勢とする（まえがき）というこの文章は、まことに冗長です。「素朴な疑問」から論点を整理し、議論を喚起するために作成されたとあります。そのため、「社会の中には様々な立場があることを踏まえて、あえて賛成や反対、その他という複数の意見を記載してい」るとのことです。そんなことは新聞を見れば分ることです。本願寺が示すべきことは、本願寺の立場、本願寺の戦争に対する考え方、これからの姿勢、方向です。

■「苦渋の選択」

●「宗門の過去をふりかえりますと、あるいは時代の常識に疑問を抱かなかったことによる対応、あるいは宗門を存続させるための苦渋の選択としての対応など、ご法義に順っていないと思える対応もなされてきました。このような過去に学び、時代の常識を無批判に受け入れることがないよう、また苦渋の選択が必要になる社会が再び到来しないよう、注意深く見極めていく必要があります」（二〇一四年六月六日　専如「法統継承に際しての消息」）

本願寺派では二〇一四年に門主の交代があり、二十五代専如になりました。右の文はその時の消息の一部です。門主を引き継ぐに当たって過去に学び、その反省の上に立とうとする姿勢はりっぱです。しかしながら、どのように過去を反省しているのかは、厳しく問われなければなりません。

「時代の常識」とは何を指すのでしょう。この国の帝国主義、軍国主義体制を指すのでしょうか。その常識に疑問を抱かなかったのは何故でしょうか。その問題性はしっかりと検証され克服することができたのでしょうか。そこが曖昧なままでは再び同じ過ちを繰り返します。それでは現在はどうなのでしょう。「時代の常識を無批判に受け入れ」てはいないのでしょうか。少なくとも先の総長談話では、現在の政治状況に対して「無批判」です。

「宗門を存続させるための苦渋の選択」とは何を指すのでしょう。どのような「苦渋」があったのでしょうか。幕末から明治維新時にあたって、天皇を中心にした政治のあり方にいち早く同調し、その後終始明治新政府を支えるべく役割を果たしてきたのが本願寺派です。どこに苦渋があったのでしょうか。戦争状況はその流れの中で必然的に生まれてきました。戦争が始まった時、何か苦渋があったのでしょうか。そのようなものは残念ながら見られませんでした。親鸞さんの言葉を切り刻んで、ここは読むな、ここは読み替えよ、空白にしろと侮辱した、その時くらいは苦渋があったのでしょうか。それなら敗戦後、なぜまっ先にそれを取り消さなかったのでしょうか。なぜ六十年近くも放置したのでしょうか。とても苦渋があったとは思えません。

■「やむをえなかった」という言い訳

しつこいようですが、この「苦渋の選択」という言葉はとても重要なのです。苦渋とは「苦しみ悩むこと」です。それは、自分の「思い」と相反する状況が押し付けられた時に起こるものです。戦争という状況が生まれた時に、自分の中ではそれと反対の「思い」があるということです。「どうしても戦争は嫌なんだ。戦争には反対なんだ」という「思い」があるときに限り、苦渋というものは生まれるわけです。私たちには、仏教によってその「思い」の裏づけが与えられてきました。今問いたいことは、本願寺の歴史の中で、人間のもっとも悲しい出来事である戦争に対して「いやだ！」という「思い」がどれだけあったのかということです。成立時以来、本願寺は時の政治体制に寄り添いながら、あるいは自らが武力を持った存在にもなりながら、力ずくで上下関係を築く現実社会の中に存在しました。まったくの「無批判」で。

そのことが何ら問われもせずに、「苦渋の選択」でしたなどと口にするのは何なのか。「本当はそんなことしたくはなかったのですが、時代の流れの中で、大きな力に押されて、泣く泣くやむを得ず、そうせざるを得なかったのです」という言い訳を言っているのです。言い訳を言って、何とかごまかそうとするのです。「ほんとうの本願寺はそんな教えではないのですが…」ということを言いたいようです。実はここに一番の問題があるのです。自らの本質を真摯に問い返そうという姿勢がまったく見られないということです。言うまでもありませんが、門主の問題ではありません。この宗派を構成している一人ひとりの問題です。

■真俗二諦と「真俗二諦論」

さて、その言い訳の極めつけをお話して、この章を終わりたいと思います。

本願寺の念仏理解の根底にあるものが、成立時の「王法・仏法」観以来の一貫した真俗二諦教学であったことは、すでに何度もお話して来ました。そして戦時体制においても、この真俗二諦的念仏理解が思想的根拠になったことは言うまでもありません。今問題になるのは、現在それがどこまで問われ、どこまで克服されたのかということです。

先ほどの「平和に関する論点整理」に、真俗二諦について次のような記載があります。

●「私たちの宗門で使用してきた『真俗二諦』という言葉の意味は、龍樹菩薩以来の本来の意味から外れています。従って、本来の正しい意味を理解するためにも、また宗門外の人々からの無用な誤解を招かないためにも、『真俗二諦』という言葉の使用には注意が必要でしょう。

その上で、先の大戦において、なぜ宗門が積極的に加担したのかという戦争責任を問う慚愧の中から、その要因として検証されてきたのが、いわゆる『真俗二諦論』であったわけです。

仏教における本来の『真俗二諦』とは、真如そのものを真諦、それが世間にわかるように表現されたものが俗諦であるという意味です。しかし、真宗では俗諦を国王・王法として理解してきた歴史があり、その時代や権力、風潮に都合よく追従し利用されてきた『真俗二諦論』の問題性が問われてきたのです」（二〇一五年　浄土真宗本願寺派総合研究所「平和に関する論点整理」）

もう一つ同じ論調の文章を挙げておきます。前記と同じ総合研究所の重点プロジェクト推進室から二〇一七年三月三十一日に発行された「平和ってなに？」という冊子からです。「五．本願寺教団の戦争責任」という章に次の文があります。

●「第二次世界大戦において、なぜ本願寺教団が積極的に加担したのかという戦争責任を問う慚愧の中から、その要因として検証されたのが、国家主義の論理を無批判に受容した『真俗二諦論』でした。

ここでいう『真俗二諦論』とは、仏法を『真諦』とし、当時の社会秩序を肯定するあり方を『俗諦』として、僧侶や門信徒はその両方を守り生きていくことが大切であると説いた教学です。

このようにダブルスタンダードを可能にした『真俗二諦論』を用いて、世俗の法である『俗諦』に則り、差別への加担や戦争協力が可能となったのです。『真俗二諦論』は、時代の権力や風潮に都合よく追従するための教学として利用されてきました。

※　本来の『真俗二諦』とは、仏がさとった真理そのものを示すのが『真諦』、それが世間にわかるように言葉などで表現されたものが『俗諦』であるという意味です。戦時中の浄土真宗が使った『真俗二諦論』は、上記のように本来の『真俗二諦』の意味からは大きくはずれたものでした」（二〇一七年　浄土真宗本願寺派総合研究所・重点プロジェクト推進室「平和ってなに？」）

★※以下の文は、少し小さな文字で脚注のように付けらたものです。

★両方に出てくる「真俗二諦論」の「論」に点ルビが打ってあります。強調するための点ルビです。

まず「論点整理」の文ですが、「本来の真俗二諦」と「真俗二諦論」と二つあると書き、「戦争責任を問う慚愧の中から、その要因として検証されてきたのが、いわゆる『真俗二諦論』であった」と言うわけです。そうすると一見、「真俗二諦論」は戦時中だけの間違った理解であったような書きかたです。しかしよく読めば、「私たちの宗門で使用してきた『真俗二諦』という言葉」は本来のものではなく、「真宗では俗諦を国王・王法として理解してきた」というのですから、「真俗二諦論」は戦時中だけのものではなく、「私たちの宗門、真宗」の本来のものであるということになります。そうであるのなら、この本願寺教団の成立から今日までを貫いている「真俗二諦論」を徹底して問うということになりそうですが、それについては何もありません。

次に「平和ってなに?」の文では、「戦争責任を問う慚愧の中から」見えてきたのが「真俗二諦論」であると書き、さらに※印以下の注では「戦時中の浄土真宗が使った『真俗二諦論』は、上記のように本来の『真俗二諦』の意味からは大きくはずれたもの」だと書いています。この書き方になりますと、「真俗二諦論」は戦時中にだけ使われた間違った理解であると読めてしまいます。

とくに「平和ってなに?」のほうはカラー刷りの小冊子で、一般の門徒方に配ることを目的としているようです。門徒方がこの文章を読んだ時、どう受け止めるでしょうか。「そうか、戦争の時は真俗二諦という仏教の教えを間違った意味で使って、戦争に加担する理由付けをしたんだな」と、そう読むでしょうね。そして、「今はそのことを反省して間違った真俗二諦論をやめて、本来の真俗二諦にもどすと言うのだな」と、そう思うでしょうね。この文章の出版元は、そのように読まれることを意図しているのではないでしょうか。

■あらためて真俗二諦とは

では本来の意味での真俗二諦というのは、浄土真宗にあったのでしょうか。親鸞さんの著述の中で真俗二諦が出てくるのは、唯一『教行信証化巻』の『末法灯明記』（最澄）の引文です。

●「それ一如に範衛してもつて化を流すものは法王、四海に光沢してもつて風を垂るるものは仁王なり。しかればすなはち仁王・法王、たがひに顕れて物を開し、真諦・俗諦たがひによりて教を弘む」（『教行信証化巻』に引用された『末法灯明記』）

【意訳】

「真実にもとづいて教化をほどこすものは仏であり、天下を治めて仏の教えを垂れる者は仁なる国王である。そうであるから仁王と法王が互いに現れて人々を導き、真諦と俗諦が互いによりあって仏教を広めるのである」

この引文は、正像末の三時についての最澄の解釈を紹介するためのものであり、「真諦・俗諦」という言葉についての親鸞さんのコメントなどはありません。ここではどういう意味で使われているのかと言えば、真諦は仏の教えであり、俗諦は仁王による世俗の政治体制であることは明らかです。浄土真宗における「真諦・俗諦」あるいは「真俗二諦」の使用例はこれが最初であり、この時点ですでに「本来の意味での真俗二諦」ではないということです。

覚如の時代からは「仏法・王法」という表現が使われます。また「真俗二諦」は江戸時代から教学者たちによって使われるようになったようですが、教団として浄土真宗の伝統的教義であると言われるのは明治の広如消息からです。

そうしますと、本願寺派総合研究所が言うところの「本来の意味での真俗二諦」は、浄土真宗の歴史には存在せず、存在したのは同研究所が言う「真俗二諦論」のみということになります。

もちろん本願寺が成立した後のもので、親鸞さんにはそのような論法のものは一切ありません。

同研究所が「真俗二諦論」を「国家主義の論理を無批判に受容した」と批判しているのは、的を得た指摘です。問題は、それが戦時中だけのものであったかのように振舞っているところです。「真俗二諦論」を否定するのであれば、本願寺の成立以来の教団教学のすべてを否定しなければなりません。しかしそのような取り組みは皆無です。「真俗二諦」と「真俗二諦論」という二つの言葉を使うことで、あたかも戦時中だけ間違っていたかのように見せかけようと言うのでしょうか。この研究所のレポートを通じて、何とかごまかして本願寺派としての戦争責任問題を終わりにしたいという意図が見えてきます。

■浄土真宗であるための条件

●「この『真俗二諦』について学ぶこと、すなわち真摯に私たちの過去に向き合うことを忘れてはなりません」（前掲、「平和に関する論点整理」）

●「現実をまったく見ず、仏法を『内心』のことだけにしてしまうことも、世俗への批判の視

点を失うことになり、いわゆる『真俗二諦論』に陥ってしまっていることになります」（同）

このような言葉を並べることに自己矛盾を覚えないのでしょうか。自らの教団の歴史を振り返るときに、恥ずかしさを覚えないのでしょうか。言葉を発するだけの自分に虚しさを感じないのでしょうか。「過去に向き合うことを」放棄し、表面的な体裁を整えることで事足れりとする限り、未来への展望はゼロです。教団にそれ以上を求めることは、所詮無理なことなのでしょうか。戦争教団としての本願寺は清算されないまま、引き継がれるようです。

戦争というものは、仏教にとってはその根幹に関わる問題であり、人間が煩悩から解放されない限り続くものという意味で、永遠の課題といえるものです。人間における戦争という事態をどう捉え、どう分析し、どう解決しようとするのか。それが仏教の全てと言ってもよいのだと思います。別のところに仏教の救いというものがあって、そのついでに戦争というものも考える、ということではないのです。

浄土真宗が浄土真宗であるための条件は、自らの煩悩という本質が厳しく問われてくることです。それがなければ、浄土真宗とは言えないわけです。煩悩がなくなることではありません。

差別心がなくなることではありません。なくならないことが、恥ずべきこととして厭われてくるということです。問題になってくるということです。そして、自らの中でそれが問題になってくるとき、おのずとそこから次の一歩を踏み出す行為が模索されるということです。その一点が、今この私自身に問われていることですし、現在の本願寺教団に問われていることであろうと思います。

第六章　日本人の精神性

一　日本人の精神性

■今、問われるべきこと

「親鸞さんはなぜ、神を拝まなかったのか」。「神を拝む」というこの国の宗教に対して、親鸞さんはそれを拒否しました。「神を拝む」という宗教が抱えている罪悪性を見抜かれたからです。この国における煩悩の原点とでも言うべきものを、そこに見たからです。アミダ仏の本願に照らされ、人間社会の悪しき状況があぶり出されたとき、「神を拝まない」という確固たる姿勢が生み出されたのです。

親鸞さんのその姿勢は、親鸞さん以降またたくまに壊れました。この国における神祇信仰は深く人々に浸透し、揺るぐことのない精神的基盤となっていました。そしてそれは、今日私たちが生きている現実の日本社会においても、何一つ変わることなく、緩むことなく、日本人を縛り、苦悩を生み出し続けるものとして機能しています。

今私たちが、親鸞さんの念仏を受け止めようとすることは、この日本人の精神性が厳しく問われてくることに他なりません。私の眼前にある状況に対して、今私はどのような姿勢を持とうとしているのか。そのことが親鸞さんから、アミダ仏から、問われているということです。

■神道・天皇制・軍国主義

日本という国の精神性を問うキーワードを挙げるとするならば、「神道・天皇制・軍国主義」ということになるでしょうか。戦前は言うまでもありませんが、戦後日本国憲法のもとでの国家制度になったあとでも、この国の政治的基本姿勢はほとんどぶれることがありませんでした。神道を精神的基盤として、天皇を崇め、軍事力を保持してきました。大事なことはなぜそれが支えられ続いているのかということです。支えているのは日本国民です。日本国民の精神性です。そこが変わらない限り、基本的に日本の政治状況が変わることはありません。

私たちが仏教という真実に立とうとすることは、それらの現実と対峙するということです。

その現実は、これまでもそうであったように、これからもおそらく変わることなく続いていくであろうと思われます。そういう意味では、お先真っ暗な状態が続くと言わねばなりません。しかしだからといって、私たちの仏教という生き方が変わるわけでも、虚しくなるわけでもありません。現実が真っ暗であっても、少し明るさが見えても、私たちは仏教という真実に立ってそれと向き合うだけです。

この章では、私が以前に書いた文章をいくつか掲載して、現実の日本社会と日本人の精神性について考えてみたいと思います。掲載文は執筆時期順です。特記したもの以外は、以前私が管理していたネットサイトに掲載したものです。文体も統一されていませんが、そのまま掲載します。

●●・・・・・●●●で挟まれた部分が、過去の文章です。

二　《祓え》…リセットの思想

■正月について

●●《正月について》　二〇〇〇年一月四日

今年は西暦二〇〇〇年ということで、とりわけニギヤカだったようです。うちの近所のごく小さい神社にまで「二〇〇〇年カウントダウン！」なんて看板が出ていたりして、その時間には花火が上がったとか。ここまでくると日本人の神道信仰もタイシタモノだと感心します。

そもそも正月というのは神道の行事です。年の切り替わり目に神に降りてきてもらって（その時神が迷わないための目印が門松などであるわけです）、お餅などをお供えし、そのお下がりをみんなで会食する。以前のことですが、正月に村中の男たちが川に入って禊《みそぎ》をする所があったそうです。

欧米諸国が正月よりもクリスマスを大事にしているのは当然です。クリスマスこそが彼らにとっては自分たちの宗教行事なのですから。同じように日本人が正月を大切にしているのは、日本人が神道信仰を持っているからです。では、私たち仏教徒は?そう、私たちは何を大切にしているのでしょうか。正月なんかより、もっと大切なものがあるはずですが。

ついでに言えば、日本人がクリスマスをも大切に?しているのは、これもまた神道信仰のなせるところなのです。神道信仰は、閉塞的な共同体に、自分を埋没させるところに、安らぎと自己の存在意義を見出す信仰です。その窮屈な生活の中で蓄積されるストレスを一気に解消するものとして、祭り、があるわけです。それを通して「自分もみんなの中の一人」を実感して安心するのです。そうです、日本人（本当のクリスチャンは別として）にとってのクリスマスは、やはり神道の行事、お祭りのひとつなのです。

ですから、先ほどの神社でカウントダウンして、西暦＝キリスト暦二〇〇〇年をお祝いするのも、何も不思議ではないのです。キリスト暦であれ、イスラム暦であれ、仏暦であれ、なんでもいいのです。みんながやっていて（ここが大事！）、それでもって、パァーっと発散できれば何でもいいんです。

ちなみに、言うまでもありませんが、元号（平成とか昭和とか）は天皇暦です。奈良時代などは、天皇の交代には限らずに、たとえば天変地異（地震とか、不思議な雲が出たとか）などでも元号を変えていましたが、一九七九年に元号法ができて、天皇の交代に伴って元号を代えるということになりました。いかにも神道でしょう。日本という閉塞的な共同体の親分が代わったら、その時代も代わるんだ、なんてね。●●●

■リセットの思想

まずは二〇〇〇年一月のものを掲載しました。正月についてです。

私たちが日本人であり、それゆえに神道信仰と離れることができないでいる一つの例が、正月だろうと思います。私が住職を務めていた寺では、毎年一月二日に「新年のつどい」という行事を行っていました。門徒さんたちと正信偈をお勤めし、住職が法話をし、その後輪投げゲームで景品をもらい、みんなでぜんざいを食べるというイベントです。私が住職だった最後の年、正月についての法話をしました。正月は仏教の上からは何も意味がないということ、神道の考え方にのっとった行事であることをお話しました。「ハレ」と「ケ」についてや、「ケガレ」「ハライ」などについても話しました。一年間の鬱積した日常（「ケ」）が「明けて」、特別の非日常（「ハレ」）になるのが「正月元旦」です。それで「晴れ着」を着て「明けましておめでとうございます」となるのだという話を、晴れ着を着た人たちの前で話しました。

私の親などは似非真宗の代表選手でしたから、クリスマスには子供の枕元にプレゼントを置きましたし、正月には一日早朝六時に（六字にかけたのだそうです）半鐘を打って勤行をしたものです。

一年間の積みあがった苦悩をリセットしてゼロに戻し、もう一度「新しい気持ち」で再スタートを切る。それが正月の意味です。たとえ気持ちは新しくなっても、現実は何も変わらず年をまたいで継続しているわけです。そこを誤魔化すことで、一時でも楽になろうという人間の本能です。

●「かなしきかなや道俗の　良時・吉日えらばしめ
天神・地祇をあがめつつ　卜占祭祀つとめとす」
（親鸞さん『正像末和讃』）

【意訳】

「悲しむべきことには、人々は日時の良し悪しを選び、天地の神々を崇めて、占いや祭りや祓えに一生懸命になっている」

この「卜占祭祀」に親鸞さんは、「ウラ、マツリ、ハラヘ」という左訓を付けておられます。この「ハラヘ」は「祓え」であり、罪や穢れなどを心身から取り除くための神道の儀式です。つまり人間の苦悩の原因を、身に付着した罪や穢れであるとし、それを取り除くことで苦悩が解決するという考え方です。この「リセットの思想」とでも言うべき考え方は、安直に楽を求めようとする人間の欲望からおのずと生まれ出てきたものと言えるでしょう。あらゆる物事はすべて関係上に存在し、人間の苦悩もその関係性を無視し壊そうとする自己執着性が原因で引き起こされる、という仏教の考え方とは、水と油の違いがあります。

日本人にとっての正月とは、全国民が同時に勤める祓えの行事であると言えます。だれも「私は神道信者です」などとは言いません。神道とは意識にあげることすら必要としないほど、日本人の命そのものと同化しているのです。それが意識されるとすれば、それはまったく別の新たな精神的基盤ができた時です。

三　女性は穢れているか

■女性はなぜ土俵に上がれないのか

●《女性はなぜ土俵に上がれないのか？》二〇〇〇年三月二十五日

「これは面白いことになった」二月二十四日付けの新聞を見て、僕はニヤッとした。そう、大阪の太田知事の土俵入り問題です。これってとても重要な問題なのです。とことんコジレルといいなぁ〜っと思っていましたが、時間切れということで今回は知事が折れてしまって「ナンダ、ツマラン」という感じです。

でも来年もまた当然出てくると思うのでちょっと整理しておきましょう。これまでの経過は次の通りです。

【二月十八日】
・日本相撲協会の間垣親方が府庁へ場所前のあいさつに。
・本田勝次生活文化部長が「土俵上で直接手渡したい」という知事の意向を伝えた。
・間垣親方は「歴史と文化の集大成である大相撲の形式の一つを崩すと、全体をゆがめる結果となる」と協会の立場を説明しながらも「持ち帰って検討したい」と。
【二月二十三日】
・相撲協会の西岩親方が、大相撲春場所での大阪府知事賞の交付を府に申請した。
・知事側は同賞を土俵上で直接手渡したいとの意欲を表明した。
・相撲協会側は伝統を理由に「女性の土俵入り」を拒否する方針。でも賞は例年どうりほしい。
【二月二十五日】
・大阪の弁護士や大学教授らでつくる「スポーツ問題研究会」が、協会に見解をただす公開質問状を郵送した。同研究会の言い分＝「女性を差別することになり、憲法違反の疑いが濃厚」「規則上の根拠が全くない」「女性蔑視が根底にある」。
【二月?・】
・社民党の辻元清美衆院議員が相撲協会に出向いて太田知事の考えに理解を示すよう申し入れ。

・同議員が衆院予算委員会でも、相撲協会を指導する立場の中曽根弘文文相らにこの件をただす。
・同議員の主張＝「女性が土俵に上がれない合理的な理由を言ってほしい」。
【二月二十九日】
・太田知事がコメントを発表。「春場所も間近に迫っていることから、今場所は協会の意向を踏まえて代理で対応させていただく」。男性の副知事を代理に。府は「女性の社会進出は時代の流れだ」と今後も太田知事の土俵での表彰実現を働きかける意向。
【三月一日】
・「世界女性会議ネットワーク関西」（森屋裕子事務局長）など二団体が、総理府男女共同参画推進本部長の小渕恵三首相らに、公開質問状を提出した。

とこんなところです。

▼相撲の宗教性をきちんと見よう
僕は何も太田房江さんに土俵に上がってもらいたいわけではないのです。まして女性知事だからドーノコーノというわけではないのです。望むはただひとつ。みんなが何にも思っていな

いところに、実は神道という日本独自の宗教は根強く生きていて、しかもいまだにそれがみんなに強要されていて、さらにしかもそのことに多くの人は気付きもせずに不快にも思っていない。という事実がきちんと理解されて「ああ、そうだったんだ！」って気付いていくきっかけになればいいということなんです。

▼相撲の歴史は天覧相撲と奉納相撲

「相撲節会」という呼び方で、天皇が宮中で相撲を観覧する儀式がはじまったのは奈良時代で、平安時代には朝廷の年中行事として制度化されていたといいます（この辺のことは日本相撲協会のＨＰの『相撲の歴史と文化』に詳しく出ています）。その制度はやがて武士が台頭し、朝廷の力が衰えるにしたがって中断することが多くなり、一一七四（承安四）年（関係ないけど親鸞さん二歳）を最後に四〇〇年の歴史を閉じました。それが復活するのは一九二五（大正十四）年四月二十九日、そう昭和天皇の誕生日に赤阪東宮御所で行われたそうです。その時に東京大角力協会に慰労として「御下賜金」があり、協会はそれをもとに銀盃を作ったのが「賜盃」のはじまりだそうです。

その宮中での相撲とならんで、もう一つの歴史は神社での奉納相撲です。多くは豊作を神に祈願し、または感謝するためのものだったようです。こちらの方は「相撲節会」が中断したあとも各地で続けられたようです。またその服装や髪型は相撲節会の風俗に似ており、朝廷行事のものが民間に流れたものと考えられています。

▼スポーツルールの問題ではない。宗教上の問題

ですから相撲の歴史は神道とは切っても切れないものなのです。今回、時津風理事長が「大相撲は神事にもルーツがあり、勝ち負けだけの競技ではない」ということを言っています。つまり今回の問題は、スポーツのルール上の問題ではなくて、宗教上の問題であるわけです。

テレビで相撲を見ていればいくつでも気付くはずです。あれもこれも神道儀式そのものだということが。四股《しこ》を踏むときに柏手を打つことも、土俵に清めの塩をまくことも、水で口を清めることも、勝ったときに軍配の上で手刀を切るのも、横綱の土俵入りの時の廻しのうえの注《し》連縄《めなわ》も……。初日の前日の「土俵祭り」は神道の祭事そのものだそうです。

▼女はなぜだめなのか？

では、なぜ女は土俵に上がっちゃだめなのかという問題です。これは簡単です。神道は「穢

れ」を「祓う」宗教だからです。穢れがあらゆる苦しみの根源であるという理解です。とくに「赤不浄」「黒不浄」といって、赤＝血の穢れと黒＝死の穢れを忌み嫌います。そして月経や出産などその血と切っても切れないのが女性だというわけです。

以前新聞上で読んだ記事ですが、ある有名な神社の祭りがあり、それを取材に何人もの新聞記者が来ていたそうです。祭りが絶好調になったころ、それを撮影するために記者たちは神社の建物（拝殿でしょうか？）に駆け上がったそうです。ところがその中に一人、女性の記者がいて、それに気付いた神社側はあわてて彼女を引きずり下ろしたということです。女性記者側から「性差別だ」という抗議があったというような内容だったと思います。

相撲では今回と同様のケースで、一九八九年末、当時の森山真弓官房長官が内閣総理大臣杯を土俵の上で自ら手渡ししたいと言ったけれども、日本相撲協会がこれを拒否しています。

ところでその相撲協会のＨＰを見ていて、おもしろい事実を知りました。「初めて女性の大相撲見物を認めるように改めた」というものです。エエッ！見るのもダメだったんかぁ！って感じです。で、それはいつからだと思います？ナ、ナ、なんと「明治五年」。江戸時代は相撲の黄金時代だそうですが、その当時女性は見ることすらできなかったんですね。

▼「女相撲がある！」ってか？
女性だけの相撲があるのです。しかしこれは正式？の相撲とは見られていないのです。土俵は土と俵ではないのです。マットです。そう、体操で使うあのマットだそうです。「新相撲」などと呼ばれているそうです。「新」っていうのは、お数珠でも「新メノウ」とか「新象牙」とかみんなプラスチックで、「本物と似ているけども全く別物」ということでしょう。

▼ならば、男は穢れていないのか？
などとバカなことを言うのはやめましょう。女性のお腹を通らなかった男などいないのですから。

▼相撲を取る人は、全員神道儀式にのっとらねばならないということ
体格がよくて相撲選手になろうとする人はたくさんいるだろうけど、相撲取りになったら必ずこの神道という宗教の中に入らねばならないのです。少なくとも外見上だけでも神道儀式にのっとらねばならないのです。「私は仏教徒だから清め塩はまきません」などと通用する世界ではないのです。アメリカ人の曙であれ、武蔵丸であれ、それを受け入れなければ相撲取りに

はなれないのです。あるスポーツをしようとするとき、いやおうなしに特定の宗教を強制させられる。これはとてもおかしいことですし、とても大きな問題であるわけです。もっと言いましょうか。相撲場へ出向く人はもちろん、テレビで観戦する人も、ただ相撲というスポーツを楽しみたいと思っても、いやおうなしに強制的に神道儀式を見せられるのです。でもそのことでもめたということを聞いたことがない。それが見えない宗教＝神道の問題性なのです。

▼映画『しこふんじゃった』を見たか？

私が知っている限りで、唯一この問題にからんだのが映画『しこふんじゃった』です。見ましたか？ある大学の相撲部が廃部寸前で、なんとか寄せ集めてきた選手で大会に出て、なぜか決勝まで行ってしまう。その時ある選手が、何としても勝ちたいという思いから、何と土俵の上で片ひざをついて十字を切って祈るのです。クリスチャンだったのです。審判があわてて注意するのですが、監督が「信教の自由を無視するのか！」って抗議するんです。で、とうとう勝っちゃうわけです。この映画では同じ場面で、女性（とても体の大きい人）のマネージャーを男に変装させて出場させるのです。外国人がパンツを脱ぐことに抵抗する姿も描かれています。そしてラストシーンで、スカート姿の女性が誰もいない土俵に上がり四股を踏み、「しこふんじゃった」と微笑むのです。この映画の周防監督は、その辺かなり意識していたはずです。私は映画館で大変感動したものです。

【問題を整理しましょう】

・今回の問題は太田知事の話ではない。女性は土俵に上がれない、という問題。
・それはスポーツルールの話ではない。宗教上の問題。
・相撲は神道という宗教と切っても切れない。
・相撲にかかわる人は、いやおうなしに神道へのかかわりを強制される。
・神道が女性を穢れと見るものである以上、女性は土俵には上がれない。

▼もっと騒ごう

長々と書いてしまいました。日本人の宗教の特徴は重層信仰と言われます。何でも拝むということです。でも本当は違うのです。本当は神道信者なのだろうと思います。念仏も本気で聞き、祈祷も真剣にする、などということはありえないのです。百八十度逆のことなのですから、両方やってるということはどちらかがウソということなのです。人間の本性から言って念仏がウソになっているのは当然です。

神道の本質は、穢れをきらい自己を守ることです。自己を守るために孤立することをきらい集団への帰属に執着することです。ですからみんながしていることはいいことなのです。クリスマスをするのも初詣をするのも全く同じ感覚なのです。

今回の問題は、そういう日本人の宗教性をキチンと知っていくための大事な機会だと思うのです。そのためにも、もっとみんなで議論しあうことが必要だろうと思います。●●●

■女性は穢れているのか？

この問題は二〇一八年四月にもありました。京都府舞鶴市で行われた大相撲春巡業で、あいさつ中の市長が突然倒れ、それを見た女性看護師が土俵に駆け上がって心臓マッサージを始めたところ、日本相撲協会が降りるよう場内アナウンスを行い、また同協会員が「降りなさい」と声を掛けたそうです。市長が運び出され女性たちが降りた後で、土俵には大量の塩がまかれたというのです。

この種の問題が起きるたびに、しばらくは話題になります。しかしいつの間にかみんな忘れてしまって、また同じことが起こると「伝統の見直しを」みたいな話題がほんのしばらく続くのです。結局のところ、だれも本気で根っこから問い返そうとはしないのです。

言うまでもないことですが、どのような内容の宗教であれ、それ自体が存在することは尊重されなければなりません。しかしながら同時に、他者から批判されることも担保されなくてはなりません。

いま神道という宗教を私は問題にしていますが、神道という宗教を自らの生きるより所にしている人は当然おられますし、そのことは尊重されねばなりません。宗教の存在を尊重することと、その宗教性を無批判に是認することとは違います。私は私の宗教を持って生きていますし、その価値観の上から他の宗教を批判することはとても大事なことです。もちろん私の持っている宗教（仏教）が、他の宗教から批判されることもとても大事なことです。お互いに批判しあい、お互いに反論し、お互いに議論を深めることができれば一番よいことです。

私が仏教という宗教に立とうとするとき、神道という宗教性は大きな批判の対象になります。その目指すところが正反対であるからです。

たとえば、この土俵に女性が上がることが許されないという問題は、「血の穢れ」という神道の考え方に由来します。それは現実的には、明らかな女性差別として現れています。世界中におそらくいろいろな形での女性差別は存在するのだろうと思いますが、日本の場合は、神道という宗教性に裏付けられた差別性と言えます。それは何も土俵の問題だけではないのです。あらゆる事柄について、女性を男性の下に見る思想性を持ちます。ときどき政治家の口から漏れて問題になりますが、結婚して子供を産むのが女性の役割、みたいな感覚です。

力関係の上位に立つ者は、常に差別性を持つものです。「男という差別性」です。もちろん女性が力関係の上位である場合もあるわけですが。人間の煩悩性は、力関係で上に立つときに顕わになるのです。それを人間の本性として問い続けようとするのが仏教であり、逆にそれを是認しそれによって成立しているのが神道であるわけです。

■相撲は神道儀式

もうひとつ相撲に関して言えば、掲載文にもあるように、宗教とスポーツが一体になっている問題です。これは相撲の発祥からの経緯があるので、何も相撲に責任があるわけではありません。相撲というものは本来そういうものであったのです。土俵に女性が上がれないのも、もともとそういうものだったのです。相撲取りになるには神道のしきたりを守らねばならない、そういうものだったのです。本来、相撲は神道儀式だったのです。

それを、サッカーやテニスのようなスポーツと同じ目で見ることが、そもそも間違っているのです。同じスポーツの一つだと思うから、「女性ができないのはおかしい」と思うのです。もともと女性は入ることのできない神道儀式であったのです。あとでお話しします女性天皇の問題もそれです。

いま私たちが考えねばならないことは、その相撲という神道儀式を、テレビで野球中継を見るのと同じように見てしまっている感覚です。確かに大きな体の男が二人、力を出してぶつかり合い、見事な技をかけて相手を負かす様子は、レスリングなどと共通するところがあるのでしょう。しかし相撲はその作法から精神性まですべてに神道という宗教性が一貫しています。それを見せつけられながら、それに違和感を覚えず、すんなり受け入れている日本人の精神性が、実は問われなければならないのです。そこを問わずに、土俵に女性が上がることだけを問題視しているのです。

四　神の国

■神の国

●●《「神の国」、発言はもっと大胆に！》 二〇〇〇年五月二十二日

森喜朗首相の「日本は天皇を中心にした神の国」発言は、とてもよい発言でしたね。この前の《女性はなぜ土俵に…》同様、こういうよい問題が出てくると、どんどんコジレテどんどん長引くといいな〜と期待してしまうのですが……。当事者たちは必死で片付けようとするのです。

まずおもしろかったのは、与党の反応で「首相なんだから……」「もっと慎重に発言してもらわねば……」という言い方。一国の首相なんだから、外面をもっとキチンとして、問題を起こさないように、上手に動いてくれなきゃ。という心配で、森氏の思想についての問題視ではないんです。これって「俺たちだって、気持ちはいっしょだけどさ〜」ってことでしょう？「本

音はキチンと隠さなきゃ～」って言ってんです。

発言はもっと大胆に！　本音で言い合えばいいじゃない！

次は野党だけど、選挙前に鬼の首つかんだみたいにはしゃいでいるみたいですが。「首相退陣、退陣！」って浮かれていないで、もう少し問題の中身を議論したらどうでしょうか。国民の中には「なんで？日本は天皇さんを中心にした国じゃないの？『神の国』だったんじゃないの？」って人も大勢おられるはずです。「主権在民」って言葉はあるけど、本当にそういう国になってるんだろうか、日本という国にとって天皇とはどういうものだろうか、天皇が神であった歴史上の事実は、本当に精算されているんだろうか。そういう議論を作って、国民を巻き込んで、みんなでもう一度日本という国家の姿を考えてみよう、という方向を持つことが野党の仕事じゃないでしょうか。

それが出来ないということになると、野党のみなさんにも、「本音のところはどうなの？」「あなたたち自身、『天皇の国』『神の国』を精算できているの？」って勘ぐりたくなってきます。

きのう（五月二十一日）のＮＨＫのＴＶ番組で、この問題についての各党の政策責任者の討論があったそうですね。私は親鸞さんの誕生会でいそがしくてテレビどころじゃなかったのですが。その中で自民党の亀井静香政調会長が「憲法一条に天皇は象徴であると書いてあり、象徴が国の中心であるのは当たり前だ。戦前の天皇制に戻すことを考えるわけがない」といったそうです。「なるほど」と思いました。象徴・シンボルは中心と言えますよね。やっぱり中心なんですよ。やっぱり今だって日本の中心は天皇なんですよ。確かに戦前の天皇制じゃないですけど、今は象徴天皇制としてやっぱり中心なんですよ。

みなさんはどう思われますか?この戦前の天皇制と、今の天皇制の違いって何でしょう?憲法の条文にどう書いてあるかじゃなくて、日本人の心の中でどう思われているか、ってことですが……。

八百年ほども昔に、この天皇を中心にした政治のあり方を、天皇名指しで批判した親鸞さんというおじさんを、私はやっぱり先生と思わずにはおれません。親鸞さんが指摘したその問題が、今もまだまだエンエンと続いているのです。もっともっと議論が必要だと思います。●●●

■本音としての「神の国、天皇の国」

二〇〇〇年の森喜朗総理大臣の発言をめぐっての一文です。森喜朗は最近も女性差別発言で注目を集めましたが、総理大臣の時はいろいろと「失言」を繰り返し、自民党の評判をどんどん落とした人です。その失言の代表格がこれです。この発言は、神道政治連盟国会議員懇談会結成三十周年記念祝賀会での挨拶の一部でした。神道政治連盟は、一九六九年に結成された団体で、まさしく私が問題にしている日本人の精神性を「後世に正しく伝えることを目的」としています。その主な取り組みとして、同連盟の公式サイトでは次のように掲示しています。

・世界に誇る皇室と日本の文化伝統を大切にする社会づくりを目指します。
・日本の歴史と国柄を踏まえた、誇りの持てる新憲法の制定を目指します。
・日本のために尊い命を捧げられた、靖国の英霊に対する国家儀礼の確立を目指します。
・日本の未来に希望の持てる、心豊かな子どもたちを育む教育の実現を目指します。
・世界から尊敬される道義国家、世界に貢献できる国家の確立を目指します。

そして神道政治連盟国会議員懇談会は、その神道政治連盟の趣旨に賛同する国会議員による超党派の団体で、翌一九七〇年に結成されています。今年六月時点で、二九五名の国会議員が所属しているとのことです。

その三十周年記念祝賀会での挨拶の中で、「日本の国、まさに天皇を中心としている神の国であるぞということを国民の皆さんにしっかりと承知をして戴く、その思いでですね、私達が活動して三十年になったわけでございます」と、総理大臣が発言したわけです。これが国民主権や信教自由などに反するとして、問題になったのです。

このときの挨拶の中では、次のような発言もあります。

●「地球社会、共生の社会というなら、人の命というのは、どこからきたのか考えよう、この人間の体というものほど、神秘的なものはない、これはやはり神様から戴いたものということしかない、みんなでそう信じようじゃないか。神様であれ、仏様であれ、天照大神であれ、神武天皇であれ、親鸞聖人であれ、日蓮さんであれ、誰でもいい、宗教というのは自分の心に宿る文化なんですから、そのことをもっとみんな大事にしようよということをもっとなんで教育現場でいわないのかな、信教の自由だから、触れてはならんのかな、そうじゃない信教の自由だから、どの信ずる神、仏も大事にしようということを、学校の現場でも、家庭でも、社会でもいわなければならないよということをもっと、私は、もっともっと、日本の国のこの精神論からいえば一番大事なことではないかとこう思うんです」（二〇〇〇年五月十五日　森喜朗　神道政治連盟国会議員懇談会結成三十周年記念祝賀会挨拶より）

総理大臣の挨拶としては、なんとも柔らかな言葉ですが、こういう軽い乗りで日本人の精神的根底に深く根付いている部分をさらりと語る感覚は、おそらくこの国の大勢の人たちにとっての共通項なのではないでしょうか。私自身、身近な方々から、同じような言葉を何度も聞いたことがあります。そこではそれが、それほど大きな問題だという認識はないようです。ほとんど意識しないところで、しっかりと根を下ろしてしまっているのが、日本人のアイデンティティである神道であるのですから。

私から見れば今日の日本社会にもそれが歴然として存在し、かつ存分に本質的働きを発揮していると思うのですが、彼らからすると、ずいぶん廃れたように見えるのでしょう。つまり日本の国はもっともっとしっかりとした精神基盤があったのに、それが戦後壊されてしまって、本来の日本人らしさがなくなってしまった。そのために様々な社会問題も生まれてくる。悪いのは戦後民主主義であり、信教の自由であり、男女平等だ、というようなことのようです。だからもう一度、本来の日本人らしさを取り戻そう、と。

ですから「天皇を中心にした神の国」というのは、今も多くの日本国民にとっては本音のところなのだろうと思います。本音だけれども、国民主権の手前上、表に出すわけにはいかない。それを森喜朗が出してしまったから「失言」ということになるのでしょう。それならいっそのこと憲法を変えてしまおう、というのが自由民主党の目指す方向です。こうやって、与党も野党も本音を隠してうわべの議論をしているので、少しも論点は深まらず問題の本質が見えてこないのです。

五　日本人の血肉…祭り

■祭りとは何なのか

●●《祭りはお好き?》　二〇〇三年五月十八日

春になると、あちこちの神社で春祭りが行なわれます。最近ではゴールデン・ウィークに合わせて行なうところも多く、私の住む町でもその時期になると、連続して祭りだらけになる感じです。この時期、私は祭囃子の中をお参りに歩きながら、正直言ってうんざりします。もちろんこの辺は、ほとんどが「真宗門徒」です。

なんで私がうんざりするのか。自分なりに分析してみると、まあ、こんなところでしょうか。

①神社神道という宗教が、あいも変わらず日本人にしっかりと浸透していること。

②祭りになると、老人から子供まで、はっぴを着てはしゃぎまわり、そこに参加することで地域の一員であることを実感していること。

③逆に、そこに参加しない者に対しては、別の視線を投げかけていること。

④阿弥陀仏を本尊とするりっぱな仏壇を安置し、念仏を称える者が、同様に嬉々として祭りに参加していること。

⑤真宗は神道とはまったく相容れない宗教だということを、聞き入れてもらえないこと。

⑥聞き入れてもらえるだけの努力が、自分に足りないこと。

つまりは、神道という宗教が、その本来の宗教性を少しも崩すことなく脈々と日本人に広がり浸透している一方で、浄土真宗が、その本来の宗教性をほとんどすべて見事に崩してしまって、今やその形態だけがむなしく転がっている、そういう状況が目の前にあるわけです。

以前、ある組《そ》(浄土真宗教団の市町村レベルの単位)の門徒さんたちの研修会に出講した時のことです。テーマは「靖国」だったでしょうか「神と仏」だったでしょうか。受講者たちの話し合いの中で、こんな意見が出ました。確か五十才前後の男性だったと思います。「祭りなんかに宗教なんて考えたことがない。自分たちにとってはただのイベントです」と。実に明解な言いっぷり?に、私は感動すら覚えたことでした。祭りとはまさしくイベントそのものなのです。イベントというものは、その主催者側にはそこに込める何らかの重要な意味があるはずです。たとえば、企業がそのイベントを通して人々にある商品を宣伝しようというように。でも、実際にそこに参加する人たちの思いは違います。そこに行けば何か楽しいことがありそうだから、自分の好きなタレントが来ているから、お菓子やお土産がただでもらえるから、みんなが大勢集まってにぎやかだから、…などなどの目的でしょう。主催者側もそれを知っているので、大衆の喜ぶ客寄せのアレコレを用意し、本来の目的など表には決して出さないものです。あの手この手でとにかく客を集めて「楽しさ」を与えながら、その裏でしっかり自分たちの企業目的を果たそうとしているわけです。

この国は古代より、農耕を主にして成り立ってきました。太陽や雨など自然環境によって左右される農耕を営む者にとって、それらの情報をいかに的確に知り、期待どおりの恵みを得るための方策を見つけることはとても大きな関心事、というより命を掛けた最も重要な事柄でした。天や地に、その自然を支配する神が存在すると見えた古代人にとって、その神との交信能力を持つと思われた人間（司祭者）は、その集落の存続をになう「長」＝権力者となりました。つまり自分たちの生産生活を守るため、それを左右する神を崇め畏れ、その神の意志を司祭者を通してうかがい、それにかなうべく行動しようとする。宗教的な権威者が、そのままその集落の政治的な権力者になるわけです。祭政一致という原始的な政治形態です。小さな集落間の抗争が始まり、次第に広い地域を統一する支配者が現れます。そして最終的に最も強い力を持った豪族が天皇と呼ばれ、この国の長となりました。宗教上の最高権威を持って人々を精神的に支配し、かつまたそのまま政治上の最高権力者となって構造的に支配したわけです。

ここでついでにひとこと言っておきますと、その祭政一致を近代になって再び復活させ、世界的にも類を見ない強力な政治システムを作り上げたのが、明治政府でした。文字どおり天皇が宗教的にも政治的にもこの国の頂点に立ったのです。天皇の先祖神である天照大神を祭神とする伊勢神宮を頂上に置き、国内のありとあらゆる神社を階級的にその下に位置付けました。

さらには軍事的意味合いを持つ特殊神社として靖国神社が置かれました。

祭りとは神との交信儀式です。広場に祭壇をもうけ、天にいる神に地まで降りてきてもらう(降臨)。そこでお供え物をして、神の意志を聞きます。そしてそれが終わると、神に供えた食べ物や酒を下げて、みんなで宴会を開くわけです。直会《なおらい》です。そこでの食べ物や酒は、日常生活では口にすることのない特別のものであって、人々にとってはそれはこの上ない楽しみであったに違いありません。日ごろのストレスを解消する大事な場でもありました。そしてそれは同じ共同体に所属するもの同士が、その絆を確認し、仲間意識を深める役割を果たしました。またそれは支配する側から言えば、民衆をなだめ、管理するための重要な装置でもあったはずです。

つまり、この直会こそ先ほどのイベントであるわけです。今日の祭りにおいても、必ず神社での神事があるはずですが、普通の祭り好きにはその部分はほとんど関心がありません。神輿をかついでワッショイやる時も、「神を迎えて練り歩くんだ」という意識などはないでしょう。そこにあるのは、大勢が同じはっぴを身に付け、同じ鉢巻白足袋すがたで、同じ大声をあげて、同じ竿を担いで、同じ汗を流し、…そして同じ笑顔の中で同じビールで乾杯する…そのなんとも言えぬ喜び、充実感、恍惚感。「ああ~気分最高！」、「スカッとした！」。実はそこでの共同体意識の確認、それこそが祭りの持つもっとも重要な役割であるのです。もちろんその意識は神を敬うという精神で裏付けられているのですが、本人たちにはそのつもりはありません。その神社の信者だという自覚のあるなしはどうでもよくて、大事なことは、「みんなと一緒に行動するのが楽しい」とか「リーダーを中心にして、みんなで勢ぞろいすることに気持ち良さを感じる」ということなのです。その気持ち良さを得るために、毎年神社の護持費を出すことは当然の努めだし、家に神棚を置くのも同じ祭り仲間のしるしみたいなものなのでしょう。かくして、神社主催の祭りというイベントは、大勢のお客で盛り上がり、主催者側の思惑も見事に果たせるという次第なのです。

　整理して言いましょう。

①神道は狭い共同体意識を強固に作ろうとする。

「狭い」というのは、同じ地域に住むということ。また、同じ民族であるということ。同じ行動をとるということ。同じ神を拝むということ。同じリーダーに従うということ。

②神道は異質な者を排除する。

「狭い共同体意識」ということは、自分たちと違うグループとは交わらないということ。また、自分たちのグループの内部において、質の異なる者が現れた場合、それを外へ排除するということ。

③神道は個人の尊厳に価値を置かない。

共同体全体での価値観が最優先の神道にとって、個人の存在や個人固有の価値観は尊重されません。個人自身も共同体全体に溶け込み一つになることで安心を得ようとします。全体が統一され強い組織になるためには、構成員すべてが均一で同質であることが望まれるのです。

④神道は「信者」という自覚を生まない。

教祖を持たず経典を持たない（教派神道をのぞく）神道にとって、祭りなどの儀式がそのすべてです。よって信者たちは特定の宗教の信者であるという認識を持ちません。地域の行事、あるいは世間の習慣的な行事に参加している、という意識しか持たないのです。

⑤神道は物事の本質を見ようとしない。

すべてを神の意志によって決定しようとする神道においては、人間が自らの目で頭で、物事の本質を追及しようとすることを放棄します。おハライ（祓え）、おみくじ、吉凶占い、ご祈祷、すべてそうです。

⑥神道は男尊女卑の上に成り立っている。

神道では、死の穢れ（黒不浄）、血の穢れ（赤不浄）を嫌います。生理や出産をともなう女性は、血の穢れ多き者とされました。女性知事が大相撲の表彰式で土俵に上がれないなど、今もそれは守られています。女性天皇を認めないというのも宗教的な理由です。

⑦神道は行政組織を我が物にしている。

神道が制度上、国家のものであったのは、一九四五年の敗戦までです。それ以降はただの宗教法人にすぎません。それが今も、行政の末端組織である自治会を通して集金や教化活動をしています。その地域に住む者を、すべて氏子として扱おうとするのです。

①から⑦まで、どれもこれもが仏教とまったく相反するところです。

日本において仏教が本当に根付いていくためには、この意識に上らない神道という宗教を、どうやって日本人の意識に上らせていくか、が大きな課題になるでしょう。前途は甚だ暗いと言わざるを得ないのです。●●●

■正定聚不退転

私が育った寺は地域でも大きなほうの神社の地盤にありました。幼かったころ父親に連れられて神社へ行った覚えがあります。拝殿前で、上から下がった大きな鈴を鳴らし、拍手を打って拝むことを教えられました。小学生になると、祭りがあるたびに友達と遊びに行きました。パチンコ、スマートボール、輪投げ、金魚すくい、綿飴、鈴カステラ。広場では怪しげな薬売りの口上などもあり、退屈しない楽しい場所でした。家に帰ると親から、「ガラガラ鳴らしてちゃんとお参りしてきたか?」と言われました。ある年は祭りのパレードに地域の子供たちと参加したことがありました。事前に何度も公民館に集まって囃子太鼓の練習をしました。当日は法被を着てトラックの荷台に乗り、太鼓を叩いて練り歩きました。

それはごく当たり前のこととしてありました。大学を終えて京都へ行き、自分なりに仏教を学び始めるまでそうだったのだろうと思います。幸いにもご縁あって、初めて仏教を知ることになりました。仏教と神道、寺院と神社。仏教を知るということは、神道まみれになっていた自分を知ることでしたし、寺の現実、本願寺の現実、そして日本社会の現実を知ることでした。

すでに日本人の血となり肉となっている神道を、「これはいったい何なんだ?」と問い返す視線。仏教が煩悩という言葉で見抜いてきた私の現実。それを問い直す視線は、私自身の持ち合わせている価値観からは生まれ得ようのないものでした。仏教との出会いは、人間にとって精神的な大革命とでも言うべき大ごとであるのです。正定聚不退転（必ず仏になる身に定まり、二度と逆戻りしない）とはそういうことなのでしょう。

六　見えない差別システム…天皇制

■女性天皇

●《女性天皇には反対だ!》　二〇〇五年一月二十二日

「皇室典範に関する有識者会議」というのができるそうな。何を相談するのかというと、女性天皇を認めるかどうかという話だそうだ。今年の秋には報告書が出て、それを受けて政府は二〇〇六年の通常国会に「皇室典範」の改正案を出す予定だという。

「皇室典範」第一条にはこうある。「皇位は、皇統に属する男系の男子が、これを継承する」。

つまり天皇家に男が生まれなければ継承者がいないということになり、天皇の血筋が途絶えてしまうというのだ。それは大変というので、世の中あわてている。

そこで出てきたのが、「女だっていいじゃない」という考えだ。男女の機会均等という時代。天皇だって女にも道を開け、という意見がみるみる広がった。十二年前の世論調査では三十三%だったのが、六年前に半数を超え、今では八十五%にまでなっているという。そんな流れを受けて自民党はもちろん、公明党も民主党も共産党も「女性天皇容認」だそうだ。新聞各紙も「女性天皇　実現は自然な流れだ」と書いた。

ひねくれ者の私としては、ここはひとつ言わねばなるまい。「女性天皇には反対だ！」と。

そもそも今までなぜ「男系の男子」とこだわってきたのか。どうしても男でなければならないわけがあったはずだ。

それは一つには「万世一系」。つまり、天皇家はずーっと一本の血筋でないと値打ちがない、ということ。女系に移ると血筋が変わってしまう。これじゃあ高貴な血が薄くなっちまうし、下賤の血が混じりこんでくる。これは許せん、というのが一つ。

もう一つは、天皇の重要な仕事は神道の祭りを執行すること。これは男でなければいけない。女という穢れのある者には務まらない。いや、そんな場にかかわることすら許されない。これがなんと言っても、これまで男にこだわり続けてきた一番の理由だ。一月一日の四方拝から始まって十二月三十一日の除夜祭までさまざまな神道行事を司祭するのが天皇の重要な仕事なのだ。つまり宗教的な理由から、女性の天皇などは認められない、というのが本筋だ。馬鹿らしい。確かに馬鹿らしいが、それが天皇というものだ。天皇制というものだ。

さて、前置きはこのくらいにして、本題に入らねばならない。

まず結論を先に言ってしまおう。女性の天皇を認めるというのは、「雅子さんを楽にしてあげよう」などというレベルの問題ではない。今後の日本社会をどういう方向へ持っていこうとするのか、という問題だ。私が反対する理由はこうだ。女性天皇を容認することは天皇制のイメージをより柔らかくすることであり、国民にとってより親しみのある存在にするということだ。それは天皇制の持つ差別的非人間的な本質をより見えにくくするということだ。つまり、日本社会が天皇制という差別的システムから解放される道のりを、より遠ざける結果をもたらすことになるからだ。

日本という国は大化改新以来今日にいたるまで、天皇家という家柄（あるいは血筋）を、国の政治的かつ精神的支柱としてきた。権力の中心が公家であれ武家であれ、幕府であれ国会であれ、いつの時代においてもそうであった。所詮はただの豪族であったにすぎないものを、特別の血を持ったものとしてあがめた。それを「高貴」とあがめる時、その反対側に「下賤」と卑しめられる者を生んだ。日本における差別の究極の根源といってもよい。

もとより宗教的権威者が政治的権力者になったものであり、当初から祭政一致というのが天皇制、あるいは宗教的には神道の姿だ。古代より表に出たり裏に引っ込んだりしてきたが、最大限にその本来の姿を発揮したのが、いうまでもない明治期の国家神道だ。宗教的に神と仰がれる存在がそのまま政治権力そのものであるという、支配体制としてはこの上ないシステムが出来上がっていた。おそらく世界にも類を見ない最強のものだったのではないだろうか。その恐怖の体制のもとで、あの長い戦争の時代が築かれていた。

その国家神道が敗戦により制度上解体された。いわゆる「神道指令」によって「制度上」は解体された。すべての神社も国家とたもとを分かち、いち宗教法人となった。伊勢神宮しかり靖国神社しかりだ。このときに天皇もまたその制度上の意味を変えた。すなわち主権が国民に移ると同時に、天皇は国家の象徴となった。いわゆる「人間宣言」を出し、今まで現人神などと言っていたことは「架空なる観念」だったと言った。それでもなぜか自分のことは「朕《ちん》」と呼び、自分以外を「爾等《なんじら》国民」と呼んだ。まあ、とにかく敗戦によって日本の体制は変わった。日本国憲法が出され民主主義国家として再出発したはずであった。

しかしどうだろうか？たとえば神道と国家との関係は本当に切れたのだろうか？神道政治連盟という組織をご存知だろうか。文字どおり神道の精神性をもとにして政治を動かそうという組織であり、現在二百人以上の国会議員がそこに参加しているという。小泉しかり、安倍晋三しかり。天皇家を中心にした国作り、新憲法の制定、靖国の英霊に対する国家儀礼の確立、教育基本法の改変、などをその活動目標にしている。小泉の靖国参拝だけが目にとまりがちだが、その裏では恐ろしく巨大なものがしっかりバックアップしている。戦前のように無理やり教育勅語を暗誦させたり、国費でもっておおっぴらに神社経営をしたりということはなくなった。しかし、現在の政治の本流も、その基本を神道においているのは明白だ。おだやか～な顔を装いながら、もう一度教育勅語の世界に戻そうとしているのが、今の教育基本法改変であるし「心のノート」であるわけだ。お国のために死んだんだもの〜大事にしてあげなくては〜と、戦死者の受け皿と戦意鼓舞のためにもう一度国家の神社に戻そうとするのが靖国の問題だし、新たな国家施設設立の問題だ。表の顔は精一杯もっともらしく作られて出てくる。そこにだまされてはいけない。日本という国がこれまで何をしてきたのか。どういう精神にもとづいて動いてきたのか。見誤ってはならない。

さて、それと同様のことが天皇についても言えるわけだ。天皇制は戦前においても見事な両面を持って国民を縛ってきた。一つは国家元首として最高の力を持ち、有無を言わせず力ずくで国民の命を我が物とした。そしてもう一面は、国民を赤子《せきし》と呼ぶ温かい親としての存在であると宣伝した。国民を心底案じてくださる親であり、最後まで見捨てずに守ってくださる神であるとしてあがめた。そこへ命をささげるのは当然であったのだ。そうした天皇への崇拝の感情は、戦後どうなっただろうか？日本人はどこまで目を覚ましただろうか？すでにサーベルをさげた「強く、畏れ多い」天皇から、山高帽をかぶりニッコリ笑う「やさしい」おじいさん天皇になっていた。天皇の戦争責任を云々する人に対しては、「いったい何の話？」「変なことを言う人」みたいな感覚が蔓延した。その後は皇太子の結婚。その中継を見るためのテレビの普及など、天皇一家は国民のアイドル的存在に表情を変えていった。さらに時代がくだり、いまでは皇太子親子の写真がちまたにあふれている。表だっては「親しみのある皇室」として受け入れられている。がしかし、それじゃあ、これまで日本の精神史を貫いてきた天皇は消えてしまったのだろうか?否、決して否である。

先ほど「神道指令」によって国家神道は制度的には解体した、と書いた。ところが実はまったく解体されていない部分がある。それが天皇家の神道だ。天皇家の神道はまったく無傷で残ったといっていい。天皇が象徴であるにしろ何であるにしろ、日本という国家の一機関として存在する以上、国家の公金によって養われ、その活動が支えられている。つまり皇室神道というものは今もなお国家神道であるということだ。明治期の国家神道の中枢ともいうべき部分が、今もしっかり生き残っている、と言ったほうがいいのかもしれない。憲法の政教分離原則も信教の自由も、初めっから完全無視してしまっているのが天皇家の神道だ。裕仁天皇が死んだ時、その葬儀や継承の儀式を、国事行為と認めるかどうかで議論があった。そして国事行為として執行された。しかし国事行為云々を問う前に、天皇家という国家にとって特別の家に、神道という特定の宗教が存在するということ自体がそもそも問題にならねばならない。

そして言うまでもないことであるが、そこに存在する神道という宗教は、まぎれもなく本来の神道そのものであるということだ。閉鎖的な集団の利益を願い、命の選別差別、排他的で狭小な共同体意識。そういう神道の生み出す思想性こそ、かつての軍国主義日本を支えてきたものであったし、今ももう一度あのころの日本の精神を復活したいと願う者たちの拠って立とうとするところであるのだ。それは先に書いた神道政治連盟のごとき政治家とそれを取り巻く者たちであったり、あるいは今の若者たちの「乱れぶり」を嘆げきもう一度修身教育をと主張する隣近所のおじいさんたちであったり、はたまたいかめしい制服を着て隊列を組むことに清々しさを感じたり、統一カラーのコスチュームを身にまとい群れをなすことに安心感を覚えたりする若者たちであったりするのだ。そして彼らの思想を無意識のうちに肯定し支えているのが、「愛子さま、かわいい〜」などとテレビや週刊誌に食い入るちまたの善良な普通の人たちなのだ。

今回の皇太子の発言から始まり皇室典範見直し女性天皇容認論に至った一連の流れは、初めから計画的なものであったかどうかは別として、結果的には見事に国民世論をかき集め、現在の小泉政権の向かうべき方向を誠に強力に支えるものになった。おそらくはこれから皇室典範が改変され、いずれ女性天皇の誕生が実現することになるのだろう。しかしそれは、決して天皇制における性差別が解消したということではない。一時のつなぎの役でしかない。おそらく今後もそういう意味合いでしかありえない。そうやって時代に適応しながら、日本の天皇制はまだまだ生きながらえていくのだろう。日本人が貴賤尊卑という人間観から解放されるのはいつのことだろう。天皇家の人々が、そのおぞましい制度の縛りから解放されるのはいつのことだろう。その日が来るまで私たちは、少なくともこれらの問題点だけは深く意識し続けねばならないと思う。●●●

■見えない神道

本来神道という宗教性は、「信仰している」「信じている」「あがめている」「拝んでいる」というような意識を持たないものです。農耕社会の中で、自分の命を死なないようにするための、文字通り「生を活かす」生活そのものの営みとして自然発生してきたものです。日本人の血肉として存在してきたものですから、自分の意識の上に相対化できるしろものではなかったのです。宗教という意識を持たないまま、しっかりとそれに乗っかって生きているのです。もちろん神道を自分の生きるより所として意識している人たちもおられます。しかし先にお話したように、正月を国民全体での祓えの行事であると意識する人はどれだけいるでしょうか。大相撲がその作法や精神性まで神道儀式そのものであることを意識する人がどれだけいるでしょうか。地域の祭りに、宗教性を意識しながら参加する人がどれだけいるでしょうか。ほとんどの場合、宗教性が「見えない」状態で、その宗教儀式を受け入れているのです。

そこが実は、政治利用しようとする人間にとっては大事な部分なのだろうと思います。日本人の意識の下に隠れながら、しかもしっかりとその精神性を築き支えているもの。そこを上手にリードし誘い込むことができれば、操られていることをほとんど気付かせないまま動かすことができるのです。日本会議や神道政治連盟の活躍の基盤です。

天皇制、とくに戦後の象徴天皇制はこの「見えない神道」によって支えられているわけですが、女性天皇女系天皇容認論は皇室のソフトイメージをさらに強め、この「見えない神道」をますます見えないものにする効果もあるだろうと思います。その辺も視野に入れながらこの後継者問題を乗り越えようとしたのが、当時の小泉首相であったのでしょう。

筋金入りの天皇信奉者たちにとっては、日本民族の根幹を崩される思いがしたのでしょう。さまざまな反対論もありました。しかし国会ではこの時、女性天皇女系天皇容認を含めた皇室典範改定がまさに議論されようとしていたようです。ところがその直後、天皇の次男に男子が生まれるという状況の変化があり、この議論はいつのまにか消えていきました。
そして現在は明仁天皇が引退し、徳仁が天皇に就き、今またその娘を次期天皇にという話題も出ているようです。天皇とはいったい何なのか。そんな問いが生まれる機会は、作りようがないのでしょうか。

七　内なる「靖国と同質のもの」

■靖国を問うということ

●《靖国―私たちはそれを問えるのか―》二〇〇九年七月十日
（福井教区　教区報『アミタ』二〇〇九年号掲載）

「非戦平和、とくに靖国問題について」の原稿を、というご依頼です。靖国問題も研修会等のテーマとして定着してきました。しかしそのことがイコール、靖国への理解が深まったということにはならないようです。なぜ私たちは靖国を問題にするのでしょうか。私たち真宗者にとって、靖国とはどういう問題なのでしょうか。

靖国神社の問題は言うまでもなく、一個の宗教法人の問題ではありません。靖国は明治以降の日本を、宗教的かつ政治的に縛り続けた国家神道の象徴です。伊勢神宮は国家神道の中心でしたが、靖国神社は軍隊直属の軍事精神発揚のための特殊な神社でした。日本は天皇という神聖なる存在を持つ神の国であり、その日本がアジア諸国を擁護すべく君臨する（八紘一宇）という侵略思想の大拠点であり、また戦死者を英霊として祀ることによって、国家に命を捧げることを偉業と意味づけるための宗教施設でもありました。敗戦により制度的には解体された国家神道ですが、日本人の精神には深く居残り、数年後には再び靖国を国家の元へ戻す動きが現れます。それ以降靖国問題は、国家神道復活、または再び戦時状況を受け入れるための前提作りという問題としてあるわけです。

しかし私たち真宗者にとっては、単なる社会問題とか憲法問題とかでは終わりません。それは、靖国が抱えている問題性は、私たち日本人が民族的煩悩として抱えているものであり、それを問うことこそ、私たちの念仏の教えに他ならないからです。私たちにとっての靖国問題は、何よりもまず念仏信心の問題としてあるわけです。

「なぜ靖国が問題になるのか分からない」という声をよく聞きます。靖国という思想は、神道に基盤を置く日本民族独自のものとして生まれました。そして私たち自身も、その日本民族の一員として存在しています。同じ精神的基盤を持っているわけですから、問題にならないのは当然のことです。もしそれが問題になってくるとするならば、それは自分の中に靖国を相対化する「異質なるもの」が入り込んだ時です。それが私たちにとってはアミダ仏の本願であり、念仏であり、信心であるわけです。

いくつか具体的に考えてみましょう。

▼靖国は、日本民族をもっとも優れたものとし、他民族を隷属させようとします。

このことが問題になるためには、日本民族も他民族もおよそ人間である以上、ともに自己への執着心をもった愚かな間違いだらけの存在である、という視点が必要です。親鸞さんは無量の心（慈悲）のアミダ仏を説き、すべての命はそのアミダ仏の願いを受け続ける存在であり仲間（同朋）であると教えます。ともに煩悩具足の凡夫であると同時に、ともにアミダ仏の願いを受ける尊い存在であると示されました。

▼靖国は、日本を神の国とし、天皇を現人神として崇拝します。

このことが問題になるためには、神に祈るという宗教を迷いの宗教と見抜かねばなりません。また迷いの宗教は民衆支配の道具としてとても有効であり、日本における権力者はつねに祭政一致という支配形態を求めました。その完成した形が国家神道であり、その中心が天皇でした。それらすべてが大いなる迷いのなすところであると見抜き、人間が共に尊びあい生きるためには、その神への信仰、天皇の神聖性という虚構から解放され、祭政一致体制を拒否する根拠をもたねばなりません。親鸞さんはそれを、神祇不拝、国王不礼と示し、弾圧を受けていかれました。

▼靖国は、戦争行為を偉業とたたえます。

自己中心性は人間の本性です。それゆえに利害をめぐって対立し争いを始めます。それを問題にするためには、人間の本性そのものを深く問い下げる視点が必要です。その視点こそ仏の目（智慧）として説かれたものです。お経には「大いなる仏とともに生きるとき、兵隊も武器も用が無く、互いが譲り合い支えあって生きる」という道が示されました。親鸞さんはアミダ仏の願いを通して「世の中安穏なれ」と願われました。

▼靖国は、死者を英霊という神として祀ります。

仏教徒であれキリスト教徒であれ、その人の宗教を問わず神として祀ります。しかもいったん祀ったものは、遺族の要望があっても取り下げません（今年二月大阪地裁判決）。このことが問題になるためには、自分（または戦死した親族たち）は、自らの宗教に基づいて決して神になるのではない、という強い宗教的信念がなければなりません。同時にまた、国家によって個人の宗教性が無視されることは、人間の尊厳を踏みにじることであり到底認められない、という宗教的自律と国家の相対化が必要です。親鸞さんはそれを「主上臣下法に背き」と批判されました。

さて、私たちはいったい、靖国を問うべき基盤を持っているのでしょうか。本願寺は終始一貫して「靖国神社の国家護持には反対」と声明を出し続けてきました。しかし本当に自分たちの念仏の上から靖国が問題になってきたのでしょうか。

私たちの持っている念仏というものが、もしも、死後の浄土往生を願うものであったり、私の今日一日の平穏無事を喜ぶものであったり、または社会の現実とは無縁の心の中だけのものであったり、神も仏も同じように拝むものであったりするならば、そこからは恐らく靖国はまったく問題にならないだろうと思います。

そして私たちの宗門は、例えば「私たちの国は神国です。国を守ってくださる神々は、その元の姿は如来様です。よその国の邪神とは違います」（存覚）であるとか、「仏法は心の中に置いて、外には時の政治のあり方を大事にし、世間のならいに合わせて生きていくべきです」（蓮如）という立場を持ち続けてきました。また「この世では天皇の忠義な民としてこの上ないご恩に報い、来世では浄土へ往生し永遠に苦しみから免れる身になりましょう」（広如）という言葉もまだ清算されていません。それらを不問にしたままで、どうして靖国が問題になるのでしょうか。靖国の問題は外にあるのではなく、私たちの内にこそあるのです。そこから始めない限り、いつまでたっても虚しさの繰り返しになるのではと思います。●●●

■靖国を問う基盤の欠如

真宗各派は、靖国神社国家護持法案に対して、その当初より反対を表明していました。また公式参拝についても反対の声明を出しています。本願寺派においては掲載文にもあるように、研修会等のテーマにも取り上げていました（もっとも現在は教団の姿勢も変わり、靖国をテーマに研修が行われることは無いようですが）。それらを通して、本願寺は靖国神社の国家護持、あるいは公式参拝に反対している、と思われてきたのも無理のないことです。

しかし、「反対する」とは具体的に何をすることなのでしょうか。言葉で「反対！」と言うことでしょうか。戦争責任についても「慚愧」という言葉を連発していましたが、結局は上滑りでしかありませんでした。問題は自らの本質をどこまで問えているのかということです。戦争を教団挙げて遂行できたのはなぜなのか。戦争行為を許していける自らの「念仏」とはどういうものであったのか。その本質を真摯に問うことがなければ、口先の言葉は何の意味も持ちません。靖国に反対するということは、自らの内にある「靖国と同質なるもの」を相対化し厳しく問うということがなければ始まりません。

四十年ほど前でしょうか。各地で本願寺主導の門徒を対象にした連続研修会（連研）が始まりました。当時若かった私たちがその事務担当をしていました。その研修会テーマに靖国が入っていました。ある打ち合わせ会議の席で、組長《そちょう》から「このテーマは止めておきましょう」という発言がありました。その趣旨は、靖国問題を取り上げることは寺院運営の邪魔にしかならない、寺の現場を預かっていない若い者たちの言っていることだ、というものでした。許せなくて大声で抗議しました。また依頼した外部講師の神と仏についての講義に対して、ある住職は「アミダさんとアマテラスは同じだ」と言いました。「国家あっての念仏だ」と言う老僧もいました。

今考えると、あの時代のほうがまだ良かったのではないかと思います。まだ戦争経験者が大勢生きていた時代です。自分の中から消えることのない戦争体験が、己の思索の原点としてあった時代です。そこから目の前の靖国をめぐる社会状況に対して、強く反応せざるを得ない人が大勢いたのです。靖国に肯定的に声を上げる人と同時に、「二度と許してはならない」と強く否定的な反応を示す人もおられたのです。ところが今となっては、血なまぐさい戦争体験を持つ人はいなくなり、靖国問題は自分の外にある社会問題の一つになったわけです。世間でそれが話題にでもなれば、関心を持ち新聞も見ます。しかしそれ以上のものではないのです。これはどういうことかと言えば、もともと見えにくい自分の中にある日本人としての精神性が、より一層見えにくくなったということです。そういう意味で戦争体験は、自分の中にある日本人としての精神性に目を向ける貴重な契機だったと言えます。

明治期に国家神道を生み出し、靖国精神を広め、天皇政権を支えてきたのは、言うまでもなくこの日本人の精神性としての神道です。言わば日本人の血肉と化しているこの神道信仰を、意識の上に上らせることはとても難しいことです。言葉にならない悲惨な体験を強いられた戦争と敗戦は、ある人にとっては自らの神道信仰を問い直す契機にもなったようです。しかし多くの日本人にとってはそれも叶わなかったようで、敗戦後しばらくで戦前と同じ道を歩き始めたのです。

日本人の精神性、靖国の精神性を問い返す基盤があるとすれば、それは人間の本能的愚かさを正面から問題に出来うる何かです。親鸞さんにとっては、その何かがアミダ仏の本願であったわけです。本書でこれまでにお話ししてきましたように、それを放棄するところで成立存続してきた本願寺には、もとよりあるはずはありません。

■国家に埋没した人間

中曽根康弘の公式参拝強行が大反発を招いて以来、慎重な扱いのもとにあった靖国を、再び大きく動かそうとしたのが小泉純一郎でした。そしてその小泉の後を引き継いだのが、安倍晋三です。

二〇二〇年九月十九日、安倍前総理が靖国を参拝したそうです。ネット上には「喜びの声」があふれていました。「待っていました！」「毎週参拝して！」などなど。そして相変わらずこういう声もあります。「私は詳しいことは知らないけれど、たかが神社に参ることで何でそんなに騒がなきゃならないの？いいんじゃないの？」と。実はこういう人たちによって、日本の保守政治は支えられているのです。「詳しいことは知らない」というのは、知ろうとしない、知りたくもない、ということでしょう。面倒なことはやりたくない、皆がそうならそれでいいんじゃないの、と。自分の頭で考えることを放棄する。自分という人間が独立した一個の存在であるという認識を持たず、全体と同化するところで安心感を持つ。一人になることを恐れ、常に全体の中に埋没しようとする。神道信仰によって生み出される人間の典型的な姿です。

軍隊というものは、それを構成する一人ひとりの兵士たちが、精神的に同一の基盤に立ち、一糸乱れぬ統制された集団である時に、もっとも大きな働きを生み出せるものです。逆に言えば、そこでは一人の人間が「自分」というものを持ち、集団とは別の価値観で動くことは許されないことなのです。

そのような「国家に埋没した人間」を生み出し、育て、戦場に送り、神として祀り、そこへ参拝することで次に続く「国家に埋没した人間」を再生産する。そのような装置として靖国神社は成立してきましたし、存在していました。

そして敗戦時に国家神道は制度的に解体されます。靖国神社も国家と一線を引かれ、一宗教法人となります。しかしながら、日本人の精神状況は何も清算されていないわけですから、再びもとの姿に戻そうとする動きが早々に始まります。一九五二年の日本遺族厚生連盟総会で、靖国の国家護持化が提唱されています。その動きを受けて、自民党による国家護持運動が始まります。

一時期、靖国がダメなら別に新しい国家施設を作ろうという話がありました。二〇〇五年に国立追悼施設を考える会という超党派の団体が作られました。会長＝山崎拓（自民）、副会長＝冬柴鉄三（公明）・鳩山由紀夫（民主）という顔ぶれでした。これには大勢の国会議員が参加しました。社会的にも賛同する声が多かったようです。しかし、当たり前のことですが、これは何の解決にもなりません。日本においては、国家が関わる以上、靖国と本質は何も変わらないことになるのです。この案に賛同する人たちは、「外国にだって国立の追悼施設があるじゃないか」と声をそろえます。そんな時、私はいつもドイツの国立中央戦争犠牲者追悼所にある「戦争と暴力支配の犠牲者に」と題された追悼文を紹介しました。「ベルリン『ノイエ・ヴァッへ』の追悼文」。興味のある方は読んでみてください。日本という国が、国立の戦没者追悼施設を建設することが許される時があるとすれば、この追悼文にあるように、日本国民の総意として、日本が犯してきた戦争犯罪を心底からの痛みを伴って懺悔できた時です。しかしながら、そのための人権感覚には、はるか遠く及ばないのが現実です。先ほどの副会長の鳩山由紀夫（当時民主党代表）はこう言いました。「天皇陛下にも安らかにお参りしていただける施設が必要ではないか」と。

■信教の自由

以前あるところで開催された住職と門徒総代の合同研修会で、靖国をテーマにお話したときのことです。ある総代からこんな声が出ました。「どうしてそんなに小泉さんの悪口ばかり言うのですか！」と。それに対して私はこう答えました。「小泉さんが私の心の中に土足で入り込んでくるので、やめて下さいと言っているのです」と。そんな答えで納得してもらえるわけはありませんが、国家が宗教にかかわるということの問題を考えていただきたいと思いました。憲法に書いてあろうがなかろうが、私が何を信じ、何を拝むのか、また何をより所に生きていくのか、それは私の自由です。お互いにそれを尊重し合える社会が、健全な社会だと思っています。

国家、あるいはそれにつながる公共団体が、ある特定の宗教にかかわるということは、そこに所属している個々人に、否応無しにその宗教を押し付けることになります。日本という国は、かつて国家神道政策というとんでもない間違いを犯しました。それによって大きな戦争行為を起こし、国内国外の大勢の人間を殺しました。そのことを反省し清算する意味で、新しい憲法には「信教の自由」や「政教分離」が掲げられたはずです。

今自民党は、その憲法二十条を変えることも視野に入れています。すでに日本人の習慣になっていることなら、国家が宗教に関わってもかまわない、というのです。神道という宗教は、もともと日本の民族宗教であり、日本の習俗として続いてきたものです。自民党の改革案は、国家神道の復活へ直結するものです。

八　天皇茶番劇を見抜く目…本願

■象徴天皇制と生前退位

●●《生前退位には反対です》二〇一六年八月二十四日

先日八月八日に、「『象徴としてのお務めについて』の天皇陛下のお言葉」というテレビ放送がありました。この内容が、天皇自らが生前退位を望んでいるものだというわけで、皇室典範を改めるべきだとか、ちまたでは話題になっています。

マスコミの報道によれば、八十数％の国民が、生前退位に賛成だとか。以前、女性天皇が是か非かという議論がありました。そのときにも一文を書きました。「女性天皇には反対だ！」というタイトルで、二〇〇五年の一月でした。もう十一年もたったんですね。あの議論は、男の子が生まれてあっさりと消えました。あのときも日本国中ほぼ全体が、「それは当然だろう。

女性天皇には賛成だ」という意見でした。今回も同様な按配で、民進党も共産党も、生前退位には理解を示し、政治的に検討すべきという見解のようです。果たしてそれでいいのでしょうか。十一年前の「女性天皇には反対だ！」の続編みたいな感じで、今回少し書いてみたいと思います。

結論を先に書いておきます。今回の天皇の発言は何を言っているのでしょうか。ごくごく簡単に言うと、現在の天皇を取り巻く環境（制度的環境）が厳しくてとてもつらい。自分にも家族にも大きな負担になっている。せめてこのへんで引退する自由くらいは認めて欲しい。と、そういうことだろうと思います。

本来象徴天皇制というのは、天皇家の人権をまったく無視したところで成り立っているのです。厳しくつらいというのは当たり前です。今考えるべきは、それを緩めるという方向ではなく、一刻も早くこの差別的な制度を廃止することです。今回この愚かしい制度を少し緩めるということをすれば、今以上に廃止が遅くなり、それだけ天皇家の苦しみが継続するということになるわけです。まずはその意味で、私は生前退位には反対です。

「日本の皇室が、いかに伝統を現代に生かし、いきいきとして社会に内在し、人々の期待に応えていくか」という天皇の言葉は、真面目な明仁さんの正直な気持ちかも知れません。しかし、日本における天皇という存在は、そのような表面的な優しくきれいなものではありません。その裏に何があり、それがいかに日本という国を不幸にしてきたか、そのことを見極めていかねばなりません。その辺を少し書いてみたいと思います。

一人の八十過ぎの老人から「もう歳とったし、手術もして健康にも不安があるし、もうこんな忙しい仕事は続けられそうにない。このへんで引退させてもらえないだろうか」と聞けば、「そりゃ〜かわいそうだよ。早く辞めさせてあげなよ」と人情的に思うのは当然です。しかし、天皇は隣近所のご老人たちとは違います。

何が違うのでしょうか。天皇は人間ではないのです。元神様です。もと神様。元アイドル、元野球選手などという言い方をまねればそういうことになりますね。一応一九四六年一月一日に「人間宣言」を出して、「実は私は人間だったのです」と表明したのですから、人間なのだということになってはいます。「架空なる観念」で「現御神《あきつみかみ》」となっていたのであるし、「爾等国民」（爾等《なんじら》＝二人称の人代名詞。相手を卑しめていう。きさまら。おのれら。↑大辞泉）も、自分たちが一番偉くて、世界を支配してやらなくっちゃ、と勘違いしていたのだ。そういうのをもうやめます、というお言葉を出したのですから、それ以降はただの人間でなければなりません。なのに、そうなっていません。私たち国民とは違う存在になっているのです。

それが「象徴」というものです。日本国憲法第一条にはこうあります。「天皇は、日本国の象徴であり日本国民統合の象徴であって、この地位は、主権の存する日本国民の総意に基く」。日本という国の象徴であり、日本国民みんな、全員がまとまったものの象徴なんだというのです。そしてそれは私たち国民全員の同じ意見に基いているんだと言います。

で、まずは象徴って何なの?を考えてみましょう。最初この憲法草案がGHQから出てきたとき、「ｓｙｍｂｏｌ」という言葉が使われていました。これって日本語にどう訳すんだ?って英和辞書引いてみたら「象徴」って書いてあったからそうした、と白洲次郎が書いています。日本国の性格を規定する重要な言葉なのですが、いとも簡単に翻訳されたようです。

しょうちょう【象徴】
直接的に知覚できない概念・意味・価値などを、それを連想させる具体的事物や感覚的形象によって間接的に表現すること。また、その表現に用いられたもの。例えば、ハトで平和を、王冠で王位を、白で純潔を表現する類。シンボル。(大辞林)

どの辞書を見ても、ほぼ同じような解説をしています。簡単に言えば、象徴というのは、あるものを連想させるための物や形など、ということです。念のために言っておけば、その物や形が「象徴としての行為」を行うわけではありません。例えば右の例で言えば、ハトが平和を具現化する何らかの行動を取ったり、王冠が王位を示すための動きをしたり、白が！純潔を表現するために、外部に対して何らかの作用を及ぼすわけではないのです。それらは何らかの行為や意思や作用があるから象徴なのではなく、その存在そのものが、それを見るものに対してある概念や意味や価値を連想させる。象徴とはそういうものなのです。ですから意思を持ち行動する人間をもって、何かの象徴とするということ自体、おかしなことであり、現実的にはありえないわけです。日本の天皇の場合それをやっているわけですから、もう初めから無理があるわけです。

憲法第一条を先ほどの言葉に当てはめてみれば、こういうことになります。「天皇は日本国と日本国民を連想させるための物や形」だと。物や形という言い方が言い過ぎだと言うならば、少なくとも、人間としての意思を持って行動する人間ではなく、ただそこにいるだけで、見る者に日本国を連想させるもの、ということになるでしょう。それが象徴です。ですから先ほどの「日本の皇室が、いかに伝統を現代に生かし、いきいきとして社会に内在し、人々の期待に応えていくか」などと天皇が考え行動することは、象徴としての存在をはみ出すことです。いえ、何よりも今回テレビに出て自分の気持ちを発言すること自体、象徴としてはありえないことです。政府とすれば「勝手なことをするなよ」という気持ちでしょう。象徴であるものが自らの意思を持って自由に行動してもらっては困るわけです。

「いやいや憲法の条文は天皇個人ではなくて、天皇制という制度を指しているのだ」と言うかもしれませんね。ところが第三条以降には、天皇は「行為」を行う者として扱われています。つまり人間です。憲法で日本国および日本国民の象徴として規定されているのは、天皇制という制度ではなく、天皇という一人の人間を指しているのです。

このこと、つまり生きている生身の人間に対して、あたかも意志を持たない操り人形であるかのような扱いをしているということが、今回の生前退位問題の大前提として考えねばならないことです。そしてそれが、日本の象徴天皇制の大事な一面であり、天皇制を一刻も早く廃止しなければならない一つの大きなポイントなのです。天皇は人間として扱われてはいない。人間として尊ばれてはいない。一人の人間の人間性尊厳性をまったく無視した差別制度こそ、日本の天皇制なのです。

であるので、今回天皇明仁が「もうやめたい」と言うことなど制度上論外であるわけです。天皇になった以上、死ぬまで天皇という、意思を持たない物としての役目を務めねばならないわけです。もちろんそれだけではありません。職業の自由も、信教の自由も、思想の自由も、行動の自由も、住居選択の自由も許されません。選挙権も被選挙権もありません。もし天皇も国民の一人であると言うならば、憲法十四条の平等原則と明らかに矛盾します。しかし憲法では、天皇は国民扱いされていないのです。人間扱いもされていないのです。意思を持たない象徴であるわけですから。天皇という枠から一歩も踏み出すことは許されないのです。悠仁という九歳の子は、生まれたときからその枠の中に押し込められています。彼の人生は彼のものではありません。こんな人権蹂躙が、日本国では平気で行われているのです。無自覚な国民の狂気の笑顔の下で。

話をもどして、第一条でもう一点触れておくことがあります。それは、「この地位は、主権の存する日本国民の総意に基く」と書かれている点です。つまり、天皇という存在は、国民全員の総意の上に成り立っていると言うわけです。反対に言えば、総意がなければ、天皇の地位は存在しないということになります。少なくとも私自身は天皇の存在を認めてはいません。国民の総意など本よりあろうはずはないのです。ということは、憲法条文には建前としてそう書いてあるけれども、現実には天皇の地位は強制的に国民に押し付けるものとして存在しているということに他なりません。それはなぜでしょうか、それが必要であるからです。誰にとって？言うまでもありません。私たち国民を取りまとめようとする（普通は「支配する」という言葉を使う）者にとってです。

敗戦時、日本国政府は天皇制（天皇家）の存続を何よりも大事に求めたようです。戦犯リストの冒頭に天皇の名があったといいます。それを、天皇の人間化と戦争放棄を同時に提案することで、マッカーサーと合意ができたと幣原喜重郎が語っています（憲法調査会事務局「幣原先生から聴取した戦争放棄条項等の生まれた事情について―平野三郎氏記―」昭和三十九年）。日本の天皇と戦争とが結びついた狂気の沙汰を恐れる諸外国にたいして、一石二鳥の名案として出てきたようです。

何が何でも残したかった天皇制とは何だったのでしょうか。そのキーワードは「権威」です。権威。ことさら力があるわけでもないが、その前に出ると、自然と頭が下がってしまって、ハハーっと言われるとおり為されるとおりに受け入れてしまう。そういう心境にさせられてしまう不思議な力。って感じでしょうか。

効果のない健康器具でも、「〇〇大学の〇〇教授が推薦！」などと書くだけで売れるような。美味くもない菓子でも、「〇〇菓子博覧会金賞受賞！」と金のラベルを付けるだけで売れるような。

では天皇にはなぜ権威が備わっているのでしょうか。キーワードは「血」と「神」です。神道において血とは、人間の尊卑を分ける決定的な要素です。またそれは血統血縁血脈血筋というように連続性を表すものです。では血の尊卑とはどうやって決まるのでしょうか。それはどういう血統を受け継いでいるかによって決まります。尊い血統を受け継いだ血は尊く、卑しい血統を受け継いだ血は卑しい。では血統をさかのぼった一番最初の尊卑はどうやって分かるのか。それは分からないので創作されるのです。それが神話です。

初代天皇は神武です。神武天皇の即位をもって日本国の建国とするのが、『古事記』『日本書紀』の神話です。そしてその神武の先祖がアマテラスです。天照大神。神話から生まれた家柄を、いまだに否定もせず尊いものとして受け入れているのが日本です。世界でも貴重な、と言うかおめでたい（そういうことを突き詰めなくてもいられると言う意味で）国なのです。ちなみに神武の即位日が一月一日で、それを新暦に直して二月十一日を建国記念日として今も国の祝日となっています。

天皇家は日本国を創造した神の子孫だ、ということで、これ以上の尊い血はないというわけです。では、『古事記』『日本書紀』は誰が書いたのでしょうか？もちろんそのときの権力者です。つまり一番強かった者が、自分たちに都合の良い物語を創作する。それが神話なのです。

この神話によって始まった天皇家の特殊化。つまり他の家柄とは隔絶した、並びようのない高貴な存在としての権威付けが、その後の日本国の最大の精神的ベースとなり、それが今日まで続いているのです。

この天皇家の権威は、天皇が実際に権力を持った時代も、持てなかった時代も、そして今日の象徴と呼ばれる時代も、何も変わってはいません。

昔私は何を勘違いしていたのか教員免許を取ろうとしたときがありました。出身高校で教育実習の授業をやったとき、ある生徒から質問を受けました。源頼朝はあれほど強かったのに、なぜ朝廷から征夷大将軍の任命を受ける必要があったのか？と。何という鋭い質問をするのか、と驚いたことを今も覚えています。

いずれの時代のいずれの権力者も、その天皇の権威を壊滅することも無視することもできませんでした。いや、むしろそれを自らの権力の後ろ盾として利用することのほうに意味を見い出したのは、当然のことだったのでしょう。

敗戦時に、何が何でもこの天皇制だけは存続させねば、と日本政府が考えたことは、そういう日本の歴史の流れの中の当然の思惑だったのです。とくに敗戦によって未曾有の混乱に陥った日本社会を立て直すことを考えるとき、為政者にとって天皇という存在は外すことのできないものであったに違いありません。

もちろん国家元首として実権を持つ天皇はありえなかったわけですが、このさい「人間」でもいい、天皇でありさえすればいい。天皇であれば、そこには不滅の権威がある。それが必要だ、欲しい、ということだったのでしょう。そしてアメリカにもアメリカの天皇必要論があったのでしょう。かくして、唯一無二の天皇制解体の機会は流れたのでした。

さて、現在のことに話をもどしましょう。

敗戦によって日本国憲法が成立し、日本社会が変わったのは間違いありません。しかしこと天皇制についてはどうなのか。元首から象徴には変わりました。天皇は政治上のいかなる権限も持たないということになっています。しかし、憲法にそう書いてあるからそうなのだ、と思うのはあまりにも短絡過ぎます。

右に書いてきたように、天皇制の本質はその権威の政治利用です。その一点において現実を検証していかねばなりません。今回の生前退位の問題もそのことに尽きるのです。

日本国憲法第一章「天皇」には、天皇には政治的権能がないということと、天皇には従来からの権威が存在するということが書かれています。政治的権能がないということは常に指摘されますが、その権威が憲法で認められ、存続していることに対してはあまり取り上げられません。それほどまでに日本国民にとって自明のことになっているということです。ここに目を開いていかない限り、天皇の政治利用、つまりそれによって私たちが支配されているということは問題になってきません。

まず第二条を見てみましょう。ここには、天皇は世襲であると書いてあります。さらにそれは皇室典範の定めるところによるとあります。つまり血縁ある男性に継承していくということです。このことは、天皇の権威付けにおいて、もっとも重要なところです。

万世一系という言葉がありました。ありましたというか、今も使ったりそう思っている人は大勢いると思います。天皇家は初代の神武以来今日まで、途切れることなく、同じ血縁で続いてきたという意味です。「君が代」の内容もそれです。皇国史観で塗りつぶされていた時代ならいざ知らず、今でもそんな幻想が生きていることに、この国の不幸を感じます。そうであらねばならぬ、そうあってほしい、という日本国民の精神は相当固いものがあります。初期にはいくつもの王朝が並立していたという説もありますし、私の生まれた福井にゆかりのある継体天皇のときに断絶したという説もあります。南北朝時代には完全に分裂していました。

いや、そんなことはどうでもいいんです。百歩譲って神武以来の万世一系だとして、そのことをどう評価するのかという問題です。これまで、それが天皇家の尊さの所以だと言われてきました。そうでしょうか？一つの血統が長期間にわたって続くということは、それだけ強い力が存続したという証です。強い力を存続させたということは、それだけ他者を虐げてきたということに他なりません。つまり暴力的に保持しようとしなければ、一千年も二千年も続くわけがありません。その罪作りな家柄が、なにゆえ高貴とされ尊いとされるのでしょうか。

第二条には、それを何の検証も批判もなく、そのまま、これからの民主主義の時代においても継続していきます、と書いているのです。天皇の権威を崩さずに継続する。それが日本国憲法の主張なのです。

次に第三条以降に出てくる天皇の行為について考えてみましょう。ここでもいつも取り上げられるのは、天皇の行為は完全に内閣の下で管理され、政治的な権能は何一つ持っていないということです。確かにそう書いてあります。が、問題はなぜ天皇がそこに登場しなければならないのか、ということです。政治と無関係の、ただのシンボル、飾りのようなものであるならば、政治との接点を完全に絶ってしまえばいいのです。しかしそれでは天皇を担ぐ意味がないのです。天皇の実権を完全に奪う、というのが敗戦時天皇制を残す上でのアメリカとの合意でした。そして日本政府もアメリカ政府も、それでも大きな効力を発揮する天皇の力を、十分に認識していたはずです。だから残して利用しようとしたわけです。

例えば天皇の任命行為（第六条）。天皇が内閣総理大臣を指名するわけではありません。指名するのは国会です。だけど任命するのは天皇です。テレビや新聞での任命式の写真を見たことがあると思います。皇居の広い部屋で、礼装した天皇と総理大臣が向き合っています。どちらが上座ですか？天皇です。どちらが頭を下げていますか？総理大臣です。天皇が辞令書？を読み上げて手渡します。それを総理大臣が頭を下げて受け取ります。この場面を見ている国民は、「どっちが偉い」と感じているでしょうか。

これが権威です。先ほどの頼朝と少しも変わりません。ニュースを見ている国民は、やっぱり天皇が日本で一番上に立っている偉い人だと普通に思ってしまうでしょう。そしてその偉い天皇様から任命されて、総理大臣は日本の国を一生懸命守ってくれるんだと。冗談ではありません。すべては権威によって権力を正当化させようとしている茶番劇にすぎないのです。

ここでどうしても一言挟んでおきたくなりましたので、書いておきます。その茶番劇を見破ることができたのが親鸞さんだったのです。その見破る目こそアミダ仏の本願だったのです。

権威と権力によって現実の政治支配が行われ、それによって民衆が虐げられていく。「能令瓦礫変成金」。石クズのように無価値とされる人間たちが、実は最高の尊厳性を持っているのだ。そのことに目覚めて、本来の命の連帯を築く方向で生きてほしい。それがアミダ仏の願いであると受け止められたのです。そのとき「この世とこの身の悪しきこと」が問われ、茶番を見抜く目が与えられていったのです。親鸞さんたち専修念仏一門が、朝廷や幕府から繰り返し弾圧を受けるのは当然のことだったのです。

話をもどします。天皇の行為についてですが、たとえばこの任命行為も政治的な行為ではないでしょうか。一国の政治を総括する総理大臣を任命するんです。政治と無関係なのでしょうか。では、憲法改正、法律、政令及び条約の公布はどうでしょうか。国会の召集、衆議院の解散、総選挙の公示、などなど。これらも政治的な行為ではないと言えるのでしょうか。これらの憲法で規定された天皇の行為は、何を意味しているのかと言いますと、どれもみんな、天皇の持っている権威によって、その行為にある種の重み（これはとても大事な行為なんだ。軽々に扱うなよ！という意味付け）を持たせる、ということなのです。これは天皇の権威を、政治的に利用していることに他なりません。そういう意味で、天皇の国事行為は、すべて政治的行為だと言うべきです。それを隠しごまかすための言葉が、象徴です。象徴、象徴、と言いながら、実はとても政治的な役割を演じているわけです。

この天皇を頂上に担ぎながら政治を組み立てようとする思想は、戦前と何も変わりません。いや、日本社会を貫く伝統と言ってもよいのです。神道政治連盟しかり日本会議しかり。言うまでもなく現在の政権もそれらをバックに存在しているわけです。日本国民のほとんどが戦争はいやだと言いながら、選挙になると自民党を支持するのも、そのへんの精神性を問えていないからでしょう。

長々と書いてきました。最後にもう一点だけ書いて終わりたいと思います。それは第七条の十「儀式を行うこと」についてです。天皇が行う儀式もいろいろありますが、宮中祭祀と言われる一連の儀式が、天皇の権威を存続させる上では最も重要な儀式であろうと思います。宮中祭祀については十一年前の「女性天皇には反対だ！」でも書きました。天皇の権威の根源が神話にあることは先に書きましたが、国家神道が制度上解体させられたあとも、宮中祭祀については手付かずで残されました。憲法にも祭祀については何も記載はありません。現在の皇室典範にも何もありません。これについては現在何も明文化された規定がなく、今も戦前の皇室祭祀令にのっとって続けられているようです。

敗戦によって神道指令が出され、憲法二十条（信教の自由）八十九条（公金支出制限）が制定され、国家と宗教、なかんずく国家が神道とかかわることが排斥されました。にもかかわらず、この宮中祭祀だけは戦前のまま残されたのです。これはあきらかに二十条違反でありますし、八十九条違反でもあります。これは裏返すと、宮中祭祀は宗教ではない、という扱いなのです。気をつけましょう。明治政府が国家神道を立ち上げたときの言い分が、「神道は宗教にあらず」だったのですから。すべての宗教の上に立つ国民道徳だと。

今回の天皇のテレビ放送でも、葬式のことに触れていました。裕仁天皇の死とそのあとの明仁の就任に絡んで、さまざまな問題が沸きあがりました。天皇の祭祀行為を国事行為とみなすのかどうかと。明仁の葬式のときにも、当然それはぶり返すことになるでしょう。

それでも残しておきたいのが、この宮中祭祀なのです。国民に見えない宮中内でのこと。秘かに日々行われているこの天皇の行為に、国民の関心が向くことはありません。しかしこれもまた、天皇の権威を保持し続けるための、欠くことのできない部分として、私たちは注視する必要があります。

今回の生前退位という問題について、私は強く反対を主張します。最初に結論を書いたとおりですが、この生前退位を認めるということは、天皇制のより安定した継続を作るということにつながります。確かにそれによって、退位していく側も継承する側も楽になるでしょう。また見ている国民も楽になることでしょう。しかしそれは、天皇制の持っている差別性政治性、それゆえの犯罪性を、今以上に隠すことになります。それは日本という国に所属している私たちにとって、好ましくない方向であると言わねばなりません。

おそらく今回政府は、何らかの形で皇室典範を改め、生前退位を受け入れるだろうと思います。女性天皇ＯＫ論も同様でしたし、もっとさかのぼれば人間宣言もそうだったのですが、天皇制を必要とするものにとって最大に重要なことは、その権威が失われないことと、それが継続することです。そのためなら、ある程度の表面的体裁が変わっても、それほど問題はないということなのです。

私たちは、天皇制とは何なのかをしっかり問わねばなりません。それがいかに非人間的な差別制度であるのかということ。そして天皇の権威が、権力による支配構造をいかに支え続けてきたのかということを。

一人ひとりがお互いの尊厳を認め合い、そのことによってつながり合う社会を開くために。人間の愚かさで生み出した権威と権力による社会を、徹底して問い、改めていく必要があります。今回、それを考えさせていただく機会になればと思うことです。●●●

■天皇の「意味」…権威の政治利用

二〇一六年八月八日にこのテレビ放送があり、早急にこれについての意見を書かねばと思いました。と言うのも、せっかくとても大事な問題が出てきたにも関わらず、世間では生前退位賛成が圧倒的に多く、反対論はと言えば、ごくごく一部を除いて、天皇信奉者たちによるものでした。私の運営していたネットサイトなど砂粒にもならないものですが、天皇制を考える大事な機会としてまとめてみたかったのです。

安倍総理大臣の私的諮問機関として「天皇の公務の負担軽減等に関する有識者会議」というのが設置され、その判断材料を得るための十六名の専門家からのヒアリングが行われました。総理大臣の私的諮問機関というのは常に、総理大臣の意向を裏付けるために置かれるものですが、この時も選ばれた十六人のうち半数ほどが日本会議の関係者だったということからも分かるように、初めから内閣の求める結論を導き出すためのものであったようです。

天皇明仁の思いは、生前退位を制度化することだったと伝えられていますが、安倍と彼の選んだ偏った専門家たちの思いは、基本的に生前退位には反対であったようです。もちろん理由は、伝統化してきた天皇制（権力にとって利用価値の高い制度）がそれによって崩れる危険があるからでしょう。ヒアリングでの意見を読みながら、やはりもっとも的を得た（つまり、天皇とは何なのか？について）発言をしていたのは、その偏った専門家たちでした。

●「天皇家は続くことと祈るという聖なる役割に意味がある」（平川祐弘）

●「同じ天皇陛下がいつまでもいらっしゃるという御存在の継続そのものが国民統合の要となっているのではないか。御公務をなされることだけが象徴を担保するものではない」（大原康男）

●「昔から第一のお仕事は国のため、国民のためにお祈りされること」（渡部昇一）

●「天皇様は何をなさらずともいてくださるだけで有り難い存在」（櫻井よしこ）

●「天皇は我が国の国家元首であり、祭り主として『存在』することに最大の意義がある。『公務ができてこそ天皇である』という理解は、『存在』よりも『機能』を重視したもので、天皇の能力評価につながり、皇位の安定性を脅かす」（八木秀次）

（総理大臣官邸「資料一　有識者ヒアリングで表明された意見について」より）

これらの意見に出てくる「祈り」「存在」「継続」といった言葉が、まさしく象徴天皇制の「意味」を言い当てていると思います。宮中祭祀を基盤とした「祈り」とその「継続」。そしてそれが天照大神から始まり、今日まで万世一系で続いているというおとぎ話、作り話。それによって権威付けられた「存在」。天皇を利用しようとする者にとってはそこが最も重要なポイントであって、そこが崩れることだけは絶対に認められないわけです。今回天皇明仁から、さまざまな業務が忙しすぎてとてもやってられないから引退させてほしいという声が出たわけですが、これら「専門家」から見れば、天皇に必要のないことをやっていたのであって、それが理由で天皇を辞めるなどということは絶対にあってはならない。「祈り」「存在」「継続」以外の余計なことは止めて、そのまま天皇として宮中に居てくれればよい、ということになるわけです。もちろん安倍にとってもそれが望みであったわけです。このときの世論は、被災地訪問など一生懸命やっておられるのに「祈るだけでいい」なんて、天皇がかわいそうだというような按配でした。

　天皇明仁は、生前退位が一代だけの特例になれば、自分のわがままだと言われる、と言ったそうですが、その通りわがままなのです。天皇という制度はもとよりその人を人間としては扱っていないのですから、自分の意見を言うなどもっての他です。死ぬまで「神のようなもの」としてそこにじっとしておれ、ということなのです。そのことがおかしいと思うならば、天皇自らが天皇制廃止を訴えればよいのです。天皇が国民に頭を下げて、こんな制度はとても残酷で苦しく辛い。どうか自分のためにも家族のためにも、このへんで許していただけないだろうか。

制度を解消して一人の普通の国民にならせていただけないだろうか、と。ありえないですけれども、もしそんなことが出来たとすると、少しはインパクトがあると思います。おそらくそれでも崩れないとは思いますが。

結局、「天皇の退位等に関する皇室典範特例法」が成立施行され、明仁から徳仁への一代に限り、特別に生前退位を認めるということになりました。一代限りというものの、今後同様の状況が生まれれば、今回の特例が前例となって同じ措置がとられるはずです。また女性宮家の設立や女性天皇、女系天皇への道もこれから検討される可能性もあります。こうやって日本における天皇制は安定して継続され、廃止などと口に出そうものなら非国民呼ばわりされる日が再び来るのでしょう。

■天皇茶番劇

古代において発生した日本民族の原始宗教としての神道は、農耕社会の中での力関係と重なり、祭政一致という政治のあり方を確立させていきました。この、日本民族のアイデンティティとも言うべきイデオロギーが、この国の歴史を貫き今日に至るまで揺らぐことなく継続していることに、人間の悲しさを思わずにはおれません。

おそらくこれまでにも、そのことを問う営みがいくつも生まれていたに違いありません。歴史に名を残した人物や集団によるものもあれば、まったく無名の個人的な取り組みもあっただろうと思います。しかしながらそれらは大衆の共感を呼ぶことはなく、存在感が大きいものほど権力からは敵視され叩かれていきました。天皇にとっての最大の失敗であった一九四五年の敗戦においてすら、多くの国民は目が開かず、天皇に頭を下げて皇国臣民としての至らなさを懺悔したのです。

●「仏の御名をもきき念仏を申して、ひさしくなりておはしまさんひとびとは、この世のあしきことをいとふしるし、この身のあしきことをばいとひすてんとおぼしめすしるしも候べしとこそおぼえ候へ」（親鸞さん　お手紙）

【意訳】

「アミダ仏のお名前を聞いて念仏を称えるようになって長くなった人々には、この現実の人間社会の間違いを悲しんで問題にするしるしと、この自分自身の間違いを悲しんで問題にし、出来ることならば捨てたいと思うようになるしるしがあるのだと思ってください」

●「『菩薩戒経』にのたまはく、『出家の人の法は、国王に向かひて礼拝せず、父母に向かひて礼拝せず、六親に務へず、鬼神を礼せず』と」（親鸞さん『教行信証』化巻末）

【意訳】

「『菩薩戒経』には次のように言われています。『出家した人の法は、国王に向かって礼拝はしない、父母に向かって礼拝はしない、血縁には仕えない、神は拝まないということだ』と」

●「主上臣下、法に背き義に違し、忿りを成し怨みを結ぶ」（親鸞さん『教行信証』化巻末）

【意訳】

「天皇およびその下にある政権は、『法＝真実』に背いて本義（大事なこと）を間違え、（専修念仏に生きようとする者に対して）怒りを起こし怨みを持った」

シャカムニ・ブッダと呼ばれた一人の人間が提唱した「法＝真実」というもの。日本において鎌倉時代にその「法＝真実」と出会い、念仏を通してそれを自分の生きる基盤にすえた親鸞という人。今、この日本社会に根深く浸透して過去から現在を貫き、そしておそらくこれから先も続くであろう天皇を中心にした権力構造を思うとき、それを相対化することが出来た稀有な思想がそこにあったということに驚きを覚えます。そして今、その流れを自分自身が受けていることの意味の重さを、思わずにはおれません。

おとぎ話でこしらえた権威を祭り上げ、その神に逆らえば罰が当たると脅し、それにおびえ頭を下げてひれ伏す弱い心情に付け込み、政治に利用して大きな権力を保持しようとする。見抜いてしまえば、まことに馬鹿馬鹿しい茶番劇です。しかしその茶番劇が、どれほど大きな罪を作ってきたことか。

いま私たちが、親鸞という人の言葉に耳を傾けようとすることは、とてつもなく大きく重いことなのだと思います。そのことをあらためて確認しながら、この稿を終えたいと思います。

参考図書

『浄土真宗聖典―註釈版―』真宗聖典編纂委員会編　一九八八年　本願寺出版部
『本願寺年表』本願寺史料研究所編　一九八一年　浄土真宗本願寺派
『神社問題と真宗』福嶋寛隆編　一九七七年　永田文昌堂
『史料・日本仏教史』二葉憲香編　一九七一年　山崎宝文堂
その他

おわりに

大学を終えた私は龍谷大学の聴講生になり、そこで一人の先生と出会いました。初めて先生のお宅へ訪問させていただいたとき、開口一番に問いかけられたのは、「先日の津地鎮祭の最高裁判決をどう思われますか?」というものでした。その先生の勧めもあって伝道院住職過程へ進み、そこでもう一人の先生と出会いました。その先生の「神社問題」という課外授業に通わせていただきました。

この二人の先生を通して、私は初めて真宗と出会い仏教と出会ったわけですが、思えば私にとって親鸞さんを学ぶということは、その当初から一貫して神祇不拝についてであり、真俗二諦を問うことであったのです。まことに的を得たお聴聞のご縁をいただいたわけで、両先生には謝意の表しようもありません。

今回それらをテーマに、ささやかなまとめをすることができました。しかし、それが何なのだ?という思いもあります。目の前では毎日、希望のない歴史状況が流れています。その中で、私自身は相変わらずの怠惰な生活を繰り返しています。自分の生き場所で、自分なりに生きることを、今日もぼつぼつと考えていくしかないのですが。

とりあえずこの書を出したいと思います。私が出会った親鸞さんと、それによって見えてきた事柄を、小さな声ですがつぶやいてみたいと思ったのです。

今回縁あって、永田文昌堂様から出版させていただくことになりました。手とり足とりお世話いただきましたことに、厚く御礼申し上げます。

二〇二一年九月

柿の実る山里にて　　　野世信水

著者紹介

野世信水（のせ・しんすい）

1953年　福井県生まれ

元浄土真宗本願寺派寺院住職

元浄土真宗本願寺派布教使

親鸞さんはなぜ神を拝まなかったのか
―日本人のアイデンティティ「神道」を問う―

二〇二一年十二月二十日　印刷
二〇二一年十二月二十四日　発行

著　者　野　世　信　水
発行者　永　田　悟
印刷所　㈱図書印刷　同　朋　舎
製本所　㈱　吉　田　三　誠　堂
発行所　永　田　文　昌　堂
600-8342
京都市下京区花屋町通西洞院西入
電　話（〇七五）三七一―六六五一番
ＦＡＸ（〇七五）三五一―九〇三一番

ISBN978-4-8162-6231-9 C1015